Краткий путеводитель по Новому Шелковому Пути

INTERNATIONAL RELATIONS IN ASIA, AFRICA AND THE AMERICAS

Edited by Andrzej Mania & Marcin Grabowski

VOL. 7

PETER LANG

Адам Нобис

Краткий путеводитель по Новому Шелковому Пути

PETER LANG

Bibliographic Information published by the Deutsche Nationalbibliothek
The Deutsche Nationalbibliothek lists this publication in
the Deutsche Nationalbibliografie; detailed bibliographic
data is available in the internet at http://dnb.d-nb.de.

Library of Congress Cataloging-in-Publication Data
A CIP catalog record for this book has been applied for
at the Library of Congress

This publication was financially supported by the University of Wrocław.

Translated by Mirosław Bilowicki

Reviewed by Prof. Leszek Kopciuch and Prof. Leszek Koczanowicz

Cover illustration: © hasachai/Shutterstock.com

ISSN 2511-588X
ISBN 978-3-631-80592-3 (Print)
E-ISBN 978-3-631-80723-1 (E-PDF)
E-ISBN 978-3-631-80724-8 (EPUB)
E-ISBN 978-3-631-80725-5 (MOBI)
DOI 10.3726/b16353

© Peter Lang GmbH
Internationaler Verlag der Wissenschaften
Berlin 2019

www.peterlang.com

Contents

Введение

Многие из нас слышали о Шелковом Пути. Уже несколько лет все чаще говорится о Новом Шелковом Пути. Этот краткий путеводитель предназначен для тех, кто хотел бы узнать больше об этом Новом Шелковом Пути. Также, как и каждый путеводитель по какому-то известному городу, так и этот путеводитель позволяет нам ознакомиться только с определенными людьми, местами, событиями. Дополнительно, указывая о них незначительную информацию в ограниченном объеме. Однако у путеводителя имеется определенное преимущество. Монография города требует всестороннего описания и обзора. А что в случае, если если в городе полно памятников старины с разных эпох, а он сам является на преобладающей своей части стройплощадкой? Путеводитель, не предлагая синтеза, позволяет нам перемещаться между этими стройками и знакомиться, а также сравнивать между собой различные места. Небольшой, написанный простым языком путеводитель обладает еще таким преимуществом, что ним могут пользоваться разные люди: студенты, бизнесмены, научные сотрудники, туристы, а также те, кто интересуется миром, в котором они живут. Кроме того, небольшой формат легко поместится в кармане, рюкзаке или несессере, когда мы отправляемся в дорогу. Специфика разработки путеводителя вместо монографии дополнительно обоснована множеством различных планов и инициатив, большинство которых создаются прямо сейчас, и дополнительно модифицируются на этапе реализации. Читатель сам оценит пригодность этого текста.

Новый Шелковый Путь является строительной площадкой. Некоторые из его элементов уже выполнены. Другие находятся на этапе строительства или в стадии проекта. Его очередные компоненты вероятно будут разрабатываться в будущем. Я верю в непредсказуемость будущего, и, следовательно, я не собираюсь его предвидеть. Однако давайте попробуем понять, что происходит на этой строительной площадке? Что происходит в мире, в котором мы живем? Понимание этого дополнительно осложняет некоторое обстоятельство. На этой площадке в настоящее время присутствуют различные строительные команды, которые руководствуются своими целями и проектами. Эти проекты иногда совпадают, а иногда отличаются друг от друга в большей или меньшей степени. В строительстве Нового Шелкового Пути участвует много стран, компаний, организаций и людей. Это провоцирует задать вопрос, имеем ли мы дело с одним Новым Путем или же с их множеством, связанных друг с другом? Так как это было в случае того Шелкового Пути, который сейчас мы для отличия должны называть старым. Я не думаю, что этот путеводитель даст нам ответ на этот вопрос. Однако я надеюсь, что читатель, который будет искать ответ на этот и другие вопросы, сочтет этот путеводитель полезным.

А теперь приведем краткое изложение содержания этого путеводителя. Новый Путь, также как и Старый – это сеть сообщений между разными, удаленными друг от друга местами. Часть 1. – это пример выбранных сообщений и мест. Часть 2. – это люди, учреждения, проекты – конечно, тоже не все. Часть 3. – это значения и ценности, придаваемые Новому Пути разными людьми в разных местах. Часть 4. – кажется, это попытка подвести итоги. В ней говорится о том, чем Новый Путь является для мира, в котором мы живем, и его будущего. Этот путеводитель – как и другие – нам не надо читать от начала до конца, страница за страницей. Вместо этого я предлагаю Вам найти и прочитать интересный контент в том порядке, в котором Вам необходимо.

Часть 1. Маршруты и места

1.1. Железные дороги
1.1.1. Иу (义乌) – Мадрид

18 ноября 2014 г. из Иу в восточном Китае в Мадрид отправился первый прямой грузовой поезд «Yixinou». 82 вагона и локомотивы, которые менялись каждые 800 км. Спустя 21 день преодолев 13052 км, 9 декабря поезд прибыл на станцию Мадрид Абронигаль, где его приветствовал Министр транспорта Испании – Ана Пастор. Маршрут сообщения проходит через Китай (Лоян, Сиань, Урумчи), Казахстан (Достык, Астана), Россия (Екатеринбург, Москва), Беларусь (Брест), Польша (Варшава), Германия (Берлин, Саарбрюккен), Франция (Пуатье) и Испания (Ирун). По пути три раза менялись тележки из-за разной ширины колеи. На границе: китайско-казахской в Достыке, белорусско-польской в Бресте и в Ируне на французско-испанской границе. Первым поездом поставлено 1400 тонн продуктов, предназначенных для рождественской распродажи. «Yixinou», который покинул Мадрид 29 января, в Иу вернулся 22 февраля с вином, оливковым маслом, минеральной водой и испанской ветчиной.

Alexander, Harriet; World's
Burgen, Stephen; The Silk
Shepard, Wade; Why
Tharoor, Ishaan; The world's
Xie, Jun; Yiwu

1.1.2. Чэнду (成都) – Лодзь

С апреля 2013 г. в Лодзь прибывают грузовые поезда из Чэнду в Центральном Китае. Оператором этого маршрута является лодзинская компания «Hatrans». Она предлагает еженедельную экспресс-перевозку товаров составом из 41 вагона в течение 14 дней через Казахстан, Россию и Беларусь. Маршрут проходит через Урумчи в Китае, Достык в Казахстане, Екатеринбург и Москву в России, а также Брест в Беларуси и насчитывает 9826 км. Первоначально вагоны возвращались порожними. Только

18 августа 2015 г. с железнодорожной станции Лодзь-Олехув уехал первый состав из 41 вагона весом 1000 тонн, загруженный, в том числе, печеньем с кокосовой стружкой, водкой, минеральной водой, пивом и сидром. Первые два года это около 100 регулярных и 50 чартерных сообщений, которыми из Китая поставлялись электронные, автомобильные товары, электробытовые товары и текстильные изделия. В обратном направлении были отправлены главным образом польские пищевые продукты.

Hatrans Logistics
Magnuszewska, Agnieszka; Łódź
Magnuszewska, Agnieszka; Pociągi
Magnuszewska, Agnieszka; W kwietniu

1.1.3. Лодзь – Сямынь (厦门)

В августе 2015 г. компания «Hatrans» открыла грузовое сообщение из Лодзи в порт Сямынь на китайском побережье Тайваньского Пролива. 26 августа из станции Лодзь-Олехув был отправлен первый поезд в Сямынь. В инаугурации приняли участие: Президент Лодзи Хелена Здановска, Маршал лодзинского воеводства Витольд Стемпень, а также вице-мэр Сямынь Юньфэн Чжэн[1]. 40 вагонами за 15 дней были доставлены товары лодзинского региона: сладости, пиво и сидр. Этот маршрут составляет почти 11 тысяч километров через Беларусь (Брест), Россию (Москва), Казахстан (Достык) и Китай (Урумчи, Чэнду).

Bińczyk, Beata; Inauguracja
Jędrzejczak, Agnieszka; Pierwszy

1.1.4. Чжэнчжоу (郑州) – Гамбург

Компан0ия «DB Schenker» открыла железнодорожное сообщение между немецким Гамбургом и Чжэнчжоу в Китае. Сначала в августе 2013 г. поезда из Китая прибывали в Германию, а 1 сентября 2014 г. первый поезд

---

1   Для всех лиц разной национальности я принял польское правило указывать сначала имя, а затем фамилию. Когда в биографической записи появляется сначала фамилия, а после него имя, тогда они отделены запятой.

отправился в обратном направлении. Среди лиц, торжественно провожающих поезд, помимо представителей руководства компании и городских властей, был губернатор провинции Хэнань Фужчань Се. Маршрут поезда с 41 контейнером – это 10214 км через Германию (Дуйсбург), Польшу (Варшава, Малашевичи, Беларусь (Брест, Минск), Россию (Москва), Казахстан (Астана, Жарык, Достык) и Китай (Урумчи). В 2015 г. по направлению в Китай поезда отправлялись два раза в месяц, а по направлению в Германию два раза в неделю. Время пути – 16–18 дней. В Гамбург отправляются китайские автотовары и электроника. Первым поездом из Германии в Китай были отправлены промышленные производственные автоматы для технологических компаний.

DB Schenker; DB Schenker
Geodis; Euroasia
Good Hope Logistics; Freight
King, Mike; DB Schenker

1.1.5. Иу (义乌) – Лондон

18 января 2017 года через 16 дней на грузовую станцию Баркинг в восточном Лондоне прибыл поезд из Иу из восточного Китая. В составе поезда «Восточный ветер» находились 34 вагона с 68 контейнерами товаров на сумму 4 млн. британских фунтов: одеждой, чемоданами, сумками, кошельками. Это первый поезд, который начал регулярное еженедельное прямое сообщение между Лондоном и Иу, на основании которого будет произведена оценка спроса. Поезд преодолел 11999 км через Казахстан, Россию, Беларусь, Польшу, Германию, Бельгию и Францию, откуда по тоннелю под каналом Ла-Манш прибыл в Лондон. Патрик Соер отмечает, что название поезда относится к словам Председателя Мао, что «Восточный ветер будет виден над западным ветром». Он добавляет также, что это мероприятие «ознаменовало новый раздел в истории многовекового торгового маршрута».
Sawer, Patrick; East

1.1.6. Иу (义乌) – Тегеран (تهران)

23 января 2016 года в иранском Тегеране Президент Ирана Хасан Рухани и Председатель КНР Цзиньпин Си подписали соглашение, касающееся

товарооборота, обеспечивающее его увеличение в течение ближайших 10 лет до 600 млрд. долларов США. Спустя три недели 16 февраля в Тегеран через 14 дней, преодолев 10400 км, проезжая через территории Казахстана, Узбекистана и Туркменистана, прибыл первый грузовой поезд из китайского города Иу. Маршрут проходил через китайский г. Урумчи, казахский г. Алматы, киргизский г. Бишкек, узбекские города Ташкент и Самарканд, а также туркменский г. Ашхабад. Российское информационное агентство «Спутник» объявило открытие нового сообщения «Экономический пояс Шелкового Пути»[2], а директор Иранской государственной железной дороги Мозен Пур Сеед Агей сообщил иранскому агентству Мехр (Mehr): «Страны вдоль Шелкового пути стремятся возродить древнюю сеть торговых путей».

Cole, Juan; The Chinese
Dehghan, Saeed; China's
Sputnik; Historic

1.1.7. Москва – Пекин (北京)

Британская компания «Golden Eagle Luxury Trains» предлагает туры по Шелковому Пути на роскошном поезде по маршруту: Москва – Волгоград -Каракумская пустыня – Хива – Ашхабад – Мерв – Бухара – Самарканд – Ташкент – Алматы – Турфан – Дуньхуан – Сиань – Пекин. Экскурсия включает также посещение важных для старого Шелкового Пути городов.
Golden Eagle Luxory Trains

1.1.8. Трансамериканская железная дорога

Председатель Китайской Народной Республики Цзиньпин Си во время своего путешествия по Латинской Америке летом 2014 г. предложил участие своей страны в строительстве трансамериканской железной дороги, соединяющей Тихоокеанское и Атлантическое побережья. Когда Премьер-Министр Китая Киген Ли посещал эту часть света, 19 мая 2015 года с ним

---

2   В китайских документах проект называется «Один пояс, одна дорога» (一带一路;) или короче: «Пояс и дорога».

встретился Президент Перу Олланта Хумала, а 22 мая Президент Бразилии Дилма Руссефф, и по ходу этих встреч были приняты совместные декларации о проведении анализов исполняемости проекта этого железнодорожного сообщения. Пользуясь случаем, Президент Бразилии признала предлагаемый Китаем железнодорожный проект важным для развития Бразилии, а Президент Перу назвал участие Китая в его реализации необходимым. Себестоимость строительства около 5300 км железнодорожной линии составила бы около 10 миллиардов долларов США. Согласно одному из предложений, маршрут на западе начинался бы в перуанском порту Пуэрто-Ило, а затем через Арекипу, Пуно, Куско привел бы к бразильскому Мадре де Диос, Рио-Бранко, Порто-Велью, Вилена, Серрадо Саванна, Кампинорти, чтобы в конечном итоге добраться до Порто-ду-Асу на Атлантическом океане.

Bazo, Mariana; China
Bland, Daniel; China
Diálogo Chino; The Transcontinental
Lee, Brianna; China
Nogaj, Wioletta; Kolejny

1.1.9. Транссибирская железнодорожная магистраль

Транссибирская железная дорога (магистраль) соединяет европейскую часть России с Дальним Востоком. Основной маршрут Москва – Владивосток составляет 9288 км и является самым протяженным в мире. Строительство началось в 1891 году и было завершено в 1904 году. Начальная станция – Ярославский Вокзал в Москве. Очередные станции это: Ярославль, Киров, Пермь, Екатеринбург, Тюмень, Красноярск, Иркутск, Улан-Удэ, Чита, Сковородино, Хабаровск, Уссурийск, Владивосток. Поезд проходит через 87 крупных городов и пересекает 16 крупных рек. Время в пути 6–7 дней. От главной трассы отходят дополнительные. Например, трансманьчжурская магистраль, которая отходит от основной трассы на восток от Читы и через Забайкальск, Цицикар, Харбин, Чан-чунь, Шеньян, ведет в Пекин. Транссибирская железная дорога предназначена для грузового и пассажирского транспорта. Делает возможной транспортировку по территории России между портами Тихого океана, Балтийского и Черного морей. Пассажирские перевозки осуществляются как роскошными, так и обыкновенными поездами. Что самое интересное, цена билета в вагоне класса «Люкс» близка к цене авиаперевозок.

RosjaPl.Info; Kolej
Транссибирская магистраль

1.1.10. Ташкент – Самарканд

В августе 2011 г. государственные узбекские железные дороги ввели в эксплуатацию скоростное сообщение столицы Узбекистана Ташкента с Самаркандом. Поезд испанского производства расстояние 344 км преодолевает в течение 2 часов 10 минут, ежедневно утром и вечером, достигая скорость 254 км/ч. Он был назван Афрасиаб, как древнее имя Самарканда. В августе 2015 г. трасса была продлена до Карши, а в августе 2016 г. до Бухары. Первым поездом из Ташкента в Самарканд поехали высокопоставленные должностные лица и иностранные гости. Крис Мосс написал: «Самарканд Регистан (старый город) остается самым запоминающимся и экзотическим городом на Шелковом Пути». Самарканд и Бухара включены в Список всемирного наследия ЮНЕСКО. Новая линия была передана в эксплуатацию с целью развития туризма.

Advantour
Atlanta Travel; New
dziennik.pl; Uzbecka
East Time; Uzbekistan
Moss, Chris; Silk

1.1.11. Железная дорога Тазара

Железнодорожная линия длиной 1860 км и с шириной колеи 1067 мм, соединяющая Капири Мпоши в районе медного бассейна центральной Замбии с танзанийским портом Дар-эс-Салам над Индийским океаном. Трасса была построена в 1970–1975 годах, строительство финансировалось КНР. Это первая крупная китайская инвестиция за пределами Китая. Управляемая компанией, часть акций которой принадлежит Танзании, а другая часть правительству Замбии, железная дорога Тазара, называемая также «Uhuru», что на языке суахили означает «свобода», стала символом панафриканского социализма за счет тогдашних политиков Замбии и Танзании. В 2011 г. китайское правительство аннулировало половину задолженности, связанной с финансированием строительства ж/д линии, а в 2014 г. представители Китая, Танзании и Замбии решили рекапитализировать предприятие. Xinhua; Tazara

1.1.12. Найроби-Момбаса

Планируемая железная дорога, соединяющая Найроби в Кении с портом Момбаса в Индийском океане (см: Найроби).

1.1.13. Железные дороги Анголы

3 отдельные железнодорожные линии с колониальных времен. Они ведут из атлантических портов на восток внутрь континента. Северная линия Луанда (424 км) из Луанды в Маланже. Центральная линия провинции Бенгела (1344 км) от Лобито до Луау на границе с Заиром, где она соединяется с Железной Дорогой провинции Катанга, ведущей к медному бассейну Заира и Замбии. Южная линия Мосамедиш (860 км) с Намибе до Менонге. Первые две были модернизированы 2006–2014 годах государственной компанией «China Railway Construction Corporation Ltd» при участии 100 тысяч ангольских работников. В церемонии открытия модернизированной линии Бенгела в Луау 14.02.2015 г. приняли участие три президента: Анголы, Заира и Замбии. Третья была модернизирована в 2006–2015 годах частной компанией «The China Hyway Group» из Гонконга.

Macau Hub; China
Railway Gazette; Three

1.1.14. Железные дороги Аргентины

Во время визита в Пекине президента Аргентины Кристины Фернандес 13 июля 2010 г. был подписан пакет контрактов на участие китайских предприятий в модернизации и строительстве железнодорожных линий в Аргентине, финансируемых «China Development Bank». Контракты

2222

включают, в частности, поставку локомотивов и вагонов для аргентинских государственных железных дорог Бельграно. Кроме того, модернизацию линии (1500 км) с речного порта Тимбуэс на южном отрезке реки Парана в провинции Санта-Фе до городов северной части страны: Сальта в Андах и Барранкерас на реке Парана возле границы с Парагваем. Модернизация сообщения Буэнос Айрес – Мендоса на западе страны. Также строительство 18 км линии метро с 29 станциями в Кордове, расширение метро в Буэнос Айрес – строительство новой линии в аэропорт Эсейса и доставка локомотивов и вагонов метро. В реализации должны участвовать CITIC Group Corporation из Пекина, Shaanxi Coal Group Investment Co Ltd, а также две компании из Сиянь: China Railway First Survey & Design Institute Group Co Ltd..

Railway Gazette; China

1.1.15. Новый Янтарный Путь

Железнодорожный грузовой коридор № 5 (RFC 5) – это железнодорожное грузовое сообщение, установленное Европейской Комиссией, переданное в эксплуатацию в 2015 году между портами Балтийского и Адриатического морей через Польшу, Чехию, Словакию, Австрию, Словению и Италию, которое называют «Новый Янтарный Путь». Радослав Пыффель объясняет, что на территории Польши Новый Янтарный Путь должен пересекаться с проектируемым Китаем Новым Шелковым Путем, ведущим с востока на запад. На официальном сайте RFC 5 находится карта, представляющая сеть, соединяющую порты Свиноуйсьце и Гданьска через Вроцлав и Катовице, далее через чешский город Бржецлав и словацкие города Жилина и Братислава, Вену, ведущую к портам Италии (Венеция, Триест, Равенна) и Словении (Копер).

Na kolei; Nowy
Pyffer, Radosław; Nowy Jedwabny
RFC5 Baltic-Adriatic Corridor

1.2. Дороги, мосты, тоннели

1.2.1. Каракорумское шоссе (Каракорумская автомобильная дорога)

30 июня 2006 года было подписано соглашение между китайской комиссией Assets Supervision and Administration Commission и пакистанским National Highway Authority о модернизации существующей дороги и строительстве новой автомагистрали длиной около 1300 км, соединяющей китайский Кашгар с пакистанским городом Абботтабад. Работы проводимые China Road & Bridge Corporation были завершены в сентябре 2015 года. Это одна из самых высокорасположенных автомагистралей в мире, и она пересекает горы Каракорум с востока на запад через перевал Хунджераб (кит. 红其拉甫山口,урду درّہ خنجراب) на высоте 4693 м над уровнем моря на китайско-пакистанской границе. Каракорумское шоссе способствовало возрождению автомобильного движения между Пакистаном и Китаем. Это шоссе имеет важное значение для проектов строительства сообщения между китайским Кашгаром и пакистанским портом Гвадар. Оно обеспечивает развитие туристического движения в регионе, где находятся многочисленные памятники из древности или раннего средневековья Шелкового Пути, например, наскальные рисунки, изображения Будды в окрестностях Скарду (урду اسکردو). Область ранних китайских экспедиций, например, буддийского монаха, Фасяня, на рубеже IV/V веков н.э.

Hodge, Adam; Karakoram
Sen, Tansen; The Travel

1.2.2. Мост на реке Пяндж

26 августа 2007 года состоялась церемония открытия нового моста на пограничной реке Пяндж (тадж. Панч) (приток Амударьи), между Афганистаном и Туркменистаном. Мост соединяет афганский город Шерхан Бандар с таджикским п.г.т. Дусти. В событии приняли участие Президенты Афганистана и Туркменистана: Хамид Карзай и Эмомали Рахмон, а также Карлос Гутьеррес, министр торговли США. Строительство моста длиной 672 м финансировали Соединенные Штаты, а мост построила итальянская компания «Rizzani de Eccher». Эмомали Рахмон сказал: «Открытие

этого моста дает возможность активизировать торговлю не только со странами Центральной Азии, но и с Китаем, Россией и странами Персидского залива».

BBC News; US

1.2.3. Сеть автомагистралей Индия-Афганистан-Иран

Целью проекта, в котором участвуют Иран, Индия и Афганистан, является расширение сети автомагистралей. Его важным элементом является строительство автомагистрали от иранского порта Чабахар в афганские города Зарандж и Деларам, где она соединяется с афганской автомагистралью Герат-Кандагар. Индийский министр Сушма Сварадж, которая 16 апреля 2016 г. посетила Иран, сказала, что эта дорога «облегчает соединение Афганистана и Центральной Азии с Индией». Саумья Сил добавляет, что дорога через иранский Чабахар обеспечит Индии «доступ в Афганистан в обход Пакистана». Строительство афганского отрезка в 2009 г. финансировало правительство Индии,

Devirupa, Mitra; With Chabahar
Sil, Saumya; Is Iran's
Talmiz, Ahmad; Who's

1.2.4. Тоннель Мармарай

Железнодорожный тоннель под проливом Босфор, соединяющий европейскую и азиатскую части турецкой железной дороги: 13,6 км длины и 60,5 м от поверхности залива в самом глубоком месте. Соединяет также европейскую и азиатскую часть Стамбула. Строительные работы начались в 2004 г., а открытие произошло 29.10.2013 г. Министр культуры и туризма Республики Турция, Омер Челик, за день до открытия тоннеля, на проходящем в Стамбуле Международном Конгрессе Шелкового Пути, сказал: «Открытие тоннеля Мармарай обеспечит непрерывное и эффективное функционирование Шелкового Пути как маршрута транспортировки и обмена между Востоком и Западом. Таким образом, тоннель Мармарай станет стратегической осью, позволяющей Шелковому Пути восстановить его историческое значение». В свою очередь Бинали Йылдырым уверял: «Этот проект не является проектом Турции. Этот проект является проектом Шелкового Пути, который веками служил человечеству и связывал Азию с Европой. Это проект, который объединяет цивилизации. Шелковый Путь является не караваном, а маршрутом, связывающим друг с другом западную и восточную цивилизации». Тоннель предназначен для железнодорожного транспорта: грузового и пассажирского, как внутри страны, так и международного. Принимающий участие в церемонии открытия тоннеля на станции «Üsküdar Marmaray» в азиатской части Стамбула, премьер-министр Турции Реджеп Тайип Эрдоган сказал, что он является частью "Iron Silk Road" («Железного Шелкового Пути») и добавил, что благодаря новому тоннелю, который объединяет сеть железных дорог Азии и Европы «Мы соединяем Лондон с Пекином».

Daily News; Marmaray
Railway Gazette; Marmaray
Seibert, Thomas; Turkey
Turksoy; The Conference

1.3. Железной дорогой и морем

31 января 2016 г. в Китай прибыл грузовой поезд с грузом 20 контейнеров из Украины. Отгрузка имела тестовый характер. Груз 15 января на пароме был отправлен из украинского порта Черноморск под Одессой и, преодолевая Черное море, прибыл в г. Батуми в Грузии, откуда на поезде прибыл в порт Алят в Азербайджане на Каспийском море. Повторно на пароме груз прибывает в порт Актау в Казахстане, снова на поезде через Жезказган, Достык, пересекает границу Китая, преодолевая 5471 км. В Баку 13 апреля 2016 г. три железнодорожные предприятия подписали соглашение, учреждая «International Trans-Caspian Transport Consortium». Это: «ADY Express Ltd. and Logistics» из Азербайджана, «KTZ Express» из Казахстана и «Trans Caucas Terminals» из Грузии. Они решили сотрудничать в развитии грузового железнодорожного транспорта между Китаем, Украиной, Европой и Турцией, делая из этих трех стран важного посредника в торговле между Востоком и Западом.

Babayeva, Fatma; Azerbaijan
Putz, Catherine; Why
Rutz, Julia; First
Shirinov, Rashid; Azerbaijan
Xinhua; Feature
Əliyeva, Aynur; Second

1.4. Морем

1.4.1. Шанхай – Гамбург

Шанхай – это крупнейший перегрузочный порт мира, а Гамбург – это второй по величине порт в Европе. Сообщение между этими портами играет важную роль в отношениях Европы с Китаем. Основана в 2007 г. компания «Shanghai Chin Young International Transportation Co. Limited» предлагает «самый лучший тариф перевозки из Шанхая в Гамбург». В Гамбург 16 января 2015 г. во время первого рейса прибыл «CSCL GLOBE», крупнейший контейнеровоз мира грузовместимостью 19100 20–футовых контейнеров (twenty-foot equivalent unit — TEU)[3]. Его размеры: длина – 400 м и ширина – 59 м. В Гамбурге разгружается и загружается около 11 тысяч TEU. Руководитель «China Shipping Agency GmbH» в Германии, Нильс Харнак сказал: «В течение следующих нескольких лет мы рассчитываем на постоянный рост торгового маршрута Восточная Азия-Европа и хотим еще больше расширить свою долю в этой ротации. Порт в Гамбурге играет важную роль в этом как грузовой источник и перевалочный пункт – в настоящее время мы находимся в Гамбурге каждую неделю и предлагаем семь транспортных сообщений». «CSCL GLOBE» обеспечивает Гамбургу сообщение с Шанхаем и другими китайскими портами: Тяньцзинь, Циндао, Нинбо, Наньша, Яньтянь. Владельцем судна является компания «China Shipping Container Lines» из Шанхая, принадлежащая группе «COSCO». В свой первый рейс судно отправилось из китайского порта Яньтянь и благодаря Суэцкому каналу прибыло в английский порт Филикстоу на

---

3   Эквивалентная вместимость полезного объема контейнера длиной 20 футов, то есть 6,1 метра.

Северном море, откуда отправилось в голландский Роттердам, затем в Гамбург и бельгийский порт Зебрюгге.

JCtransnet; Best
Mirror; Bigger
Port of Hamburg; Gigantic

1.4.2. Циндао – Рас Таннура

Китай зависит от импорта нефти, которая почти в 80% поставляется морским путем главным образом из Саудовской Аравии, где крупнейшим портом с терминалом, приспособленным для загрузки нефти, является Рас Таннура в Персидском заливе. В Китае крупнейшим портом с терминалом для разгрузки нефти является Циндао на Желтом море. В Циндао находится также нефтеперерабатывающий завод для переработки поставляемого сырья, который в 50% поставлен из Саудовской Аравии. «Saudi Press Agency» 14 июня 2008 г. сообщила о прибытии в Циндао из Рас Таннура танкера «Xin An Yang» с нефтью для нового нефтеперерабатывающего завода китайской компании «Sinopec». С тех пор из этого и других портов Персидского Залива через Малаккский Пролив по-прежнему поставляется нефть в Циндао и другие китайские порты.
Saudi Press Agency; Tanker

1.5. Каналы

1.5.1. Никарагуанский Канал

В 2012 году была создана частная компания «Hong Kong Nicaragua Canal Development» с местонахождением в Гонконге. 13 июня 2013 года Национальная ассамблея Никарагуа согласилась предоставить этой компании концессию на проектные и строительные работы, а также управление каналом сроком на 50 лет. По словам компании, начало работ по строительству канала должно иметь место в августе 2016 года. Согласно плану он должен иметь длину 173 км, ширину 250–580 м и глубину 90 м, а само строительство должно продолжаться до 2020 года, а его себестоимость оценивается примерно в 50 млрд. долларов США. На западе он начинался бы у устья реки Брито в Тихий океан, затем на восток через озеро Никарагуа и далее вдоль рек Туле и Пунта-Гордас в Мексиканский залив. Новый канал должен быть больше Панамского канала, чтобы обеспечить перемещение более крупным судам.

BBC News; Nicaragua
Daley, Suzanne; Lost
Grieger, Gisela; Nicaragua
Hołdys, Andrzej; Kanał
La Gaceta; Managua

1.5.2. Суэцкий канал (قناة السويس)

Канал в Египте, соединяющий Средиземное и Красное моря, прорытый в 1859–69 годах через Суэцкий Перешеек. Суэцкий канал является собственностью египетского государства и с 1956 года управляется государственным предприятием «The Suez Canal Authority» (SCA) во главе с адмиралом Мохабом Мохаммедом Хусейном Мамиш. Длина канала – 193 км, глубина – 24 м. Это позволяет перемещаться судам с валовой грузоподъемностью до 240 тысяч DWT. В январе 2016 года через канал прошли 1424 судна, в том числе: 467 контейнеровозов, 387 танкеров и 214 навалочных судов. SCA пишет: «он обеспечивает кратчайший морской путь между Европой и землями, лежащими возле Индийского океана и западной части Тихого океана. Это один из самых используемых в мире судоходных путей. Суэцкий канал – один из самых важных водных путей в мире».

The Suez Canal Authority

1.6. Порты

1.6.1. Пирей (Πειραιάς)

1 октября 2009 г. «Piraeus Container Terminal» (PCT) получил 35-летнюю концессию на эксплуатацию контейнерных терминалов в греческом порте Пирей. Владельцем компании является «China Ocean Shipping Company» (COSCO), второй по величине портовый оператор в мире, который в свою очередь является собственностью Китайской Народной Республики. В результате проведенных инвестиций перегрузочные возможности порта

увеличились с 685000 контейнеров в 2010 году до 3 млн. в 2015 году. РСТ планирует к 2020 году сделать Пирей крупнейшим в этом отношении портом на Средиземном Море. Во время своего визита в Грецию в июле 2014 года Председатель КНР Цзиньпин Си заявил, что его страна хочет сделать из Греции ключевой мост между Европой и Китаем в сотрудничестве, основанном на проекте: «Пояс и дорога». Менее, чем через год, 8 апреля 2016 года в Афинах был подписан контракт, в силу которого компания COSCO за сумму 368,5 млн. евро приобрела 67% акций Порта Пирей и приняла на себя обязательство инвестировать в развитие порта дополнительно 350 млн. евро в течение 10 лет. Премьер-министр Греции Алексис Ципрас, присутствовавший при подписании контракта, сказал: «Я думаю, что это соглашение позволит еще больше сократить Шелковый Путь, которым поставляются товары из Китая в Средиземноморье и Центральную Европу». Профессор экономики Иоаннис Цоаннос в свою очередь отметил, что Греция становится важным элементом Морского Шелкового Пути, который создает возможность торговли, культурных контактов и сотрудничества во многих областях.

Alderman, Liz; Port
China COSCO
Hope, Kerin; Greece
Johnson, Keith; In Odyssey
Lolos, Marios; Spotlight
Piraeus Container Terminal
Stamouli, Nektaria; Greece

1.6.2. Гвадар (گوادر)

30 января 2013 г. правительство Пакистана утвердило сделку, в силу которой компания «China Overseas Ports» (COP) перехватила от компании «Singapore PSA» управление портом Гвадар, расположенного на побережье Белуджистана. COP – это компания, подчиненная компании «China Overseas Holdings Limited» с местонахождением в Гонконге, которая в свою очередь подчиняется государственному предприятию КНР – «China State Construction Engineering Corporation». Дополнительно китайцы арендовали на 43 года 2000 акров земли для создания Свободной

Экономической Зоны в Гвадаре. Порт и СЭЗ должны являться частью планируемого Экономического Коридора Китай-Пакистан (CPEC), который должен соединить Кашгар в западном Китае с побережью Аравийского моря. CPEC включает также планы строительства автомагистралей, железных дорог, газопровода, а также электростанций и линий электропередач на общую сумму около 50 млрд. долларов США. По словам председателя COP Баочжун Чжан, порт будет полностью готов в конце 2017 года.

China Overseas Holdings
China Overseas Ports Holding
Raza, Syed Irfan; China
Sherazi, Syed Zubair; Development

1.6.3. Дорале

Многофункциональный порт, строительство которого планируется на основании правительственного соглашения Китая и Джибути. Он будет находиться западнее существующего контейнерного терминала на африканском побережье Индийского океана в Аденском Заливе у входа в Баб эль-Мандебский пролив, ведущий от океана до Красного моря и далее через Суэцкий канал до Средиземного моря. Инвестиция стоимостью 590 млн. долларов США должна быть реализована при участии компании «China Merchants Holding International». 8 апреля 2016 года Министерство Обороны КНР сообщило, что началось строительство первой базы китайского военно-морского флота за пределами страны. Франсуа Дюбе отмечает, что это часть китайской стратегии строительства « „Морского Шелкового Пути 21-века" и цитирует слова Вэйцзяна Ли: «объекты в Джибути служат для защиты экономических интересов Китая в Африке и содействия по обеспечению регионального мира». Саймон Томлинсон публикует спутниковые фотографии строительства, пишет об опасности пиратства для «Африканского Угла» и добавляет: «На военно-морском форпосту, строительство которого должно завершиться в следующем году, предполагается разместить склады вооружения, средства обслуживания кораблей и вертолетов и, возможно, специальные силы».

Dubé, François; China's
Tomlinson, Simon; China

1.7. Аэропорты

1.7.1. Кёктокай (可可托海)

На севере китайского Синьцзян-Уйгурского автономного района у подножия гор Алтай 1 августа 2015 г. был открыт новый аэропорт Кёктокай. Его открытие сокращает семичасовое путешествие из расположенного в 400 км Урумчи до 50 минут полета. В первой половине 2015 г. регион посетило почти 16 млн. туристов из КНР и более 667 тысяч из заграницы. Как сообщает правительственное агентство «China Daily» ежедневное воздушное сообщение будет способствовать развитию туризма, и следовательно, экономическому развитию региона, облегчая доступ китайским и иностранным туристам, увеличивая их приток. Первым самолетом прилетело более 100 человек, которых приветствовали в аэропорту женщины, одетые в традиционные национальные костюмы. Правительственные информационные агентства указывают на Кёктокайский Национальный Геопарк как на «идеальное место для осмотра достопримечательностей, отдыха, пеших прогулок, фотографирования и научной экспедиции». «China National Tourist Office» подчеркивает также туристическую привлекательность региона, в том числе и факт, что через него проходил знаменитый исторический Шелковый Путь.

China Daily; Xinjiang
CNTO, Silk Road
People.cn; Xinjiang's

1.7.2. Дубай (دبي)

Шейх Ахмед бен Саид Аль Мактум сказал об аэропорту в Дубае, который он возглавляет, что этот аэропорт является центром Нового Шелкового Пути. Австралиец Джеймс Хоган, который управляет работой «Etihad Airlines», национального перевозчика Объединенных Арабских Эмиратов, Новым Шелковым Путем, в свою очередь, называет саму авиакомпанию. Аэропорт в Дубае – один из крупнейших в мире международных аэропортов. В 2015 году он обслужил 78 млн. пассажиров, 2,5 млн. тонн грузов и около 7700 полетов еженедельно 140 авиакомпаний в 270 городов на 6 континентах. Таким образом, новый воздушный Шелковый Путь имеет поистине глобальный характер, но это не отменяет его локального расположения в городе Дубай над Персидским Заливом на территории Объединенных Арабских Эмиратов.

Dubai Airports
Morgan Philips; Aviation
The Economist; Rulers
Topham, Gwyn; Emirates

1.8. Трубопроводы

1.8.1. Газопровод ТАПИ

24 апреля 2008 г. в столице Пакистана Исламабаде было подписано соглашение, касающиеся закупки природного газа из Туркменистана через Афганистан в Пакистан и Индию. 11 декабря 2010 г. в столице Туркменистана Ашхабаде было подписано межправительственное соглашение, касающееся строительства газопровода, по которому должен поставляться газ из туркменских месторождений. В 2011 г. проект строительства газопровода ТАПИ (Туркменистан, Афганистан, Пакистан, Индия) поддержала Хиллари Клинтон, госсекретарь США, предлагая план «Новый Шелковый путь». Его целью являлось, в частности, восстановление разрушенного войной Афганистана. Проект должен быть реализован государственным предприятием Туркменгаз при сотрудничестве с консорциумом турецких и японских компаний. Завершение строительства планируется в декабре 2019 г. 13 декабря 2015 года имело место торжественное начало строительства газопровода неподалеку от Мары (в древних веках Мерв в пустыни Каракорум), в поблизости крупного Галкынышского газового месторождения, откуда возьмет начало газопровод протяженностью 1814 километров. В нем приняли участие: Президент Туркменистана Гурбангулы Бердымухамедов, Премьер-министр Пакистана Наваз Шариф, Вице-Президент Индии Хамид Ансари и Президент Афганистана Ашраф Гани, который назвал проект «Новым Шелковым Путем». От туркменского Галкынышского газового месторождения газопровод будет проходить через Афганистан вдоль автомагистрали Герат-Кандагар, затем в Пакистане вблизи городов Кветта и Мултан, чтобы добраться до пограничного города Фазилка в Индии.

Davis, Jonathan; Trio
Fedorenko, Vladimir; The New
Gurt, Marat; Olzhas Auyezov; Katya Golubkova; Jane Merriman; Turkmenistan
Reyaz M.; TAPI
Rubin, Barnett; The TAPI

1.8.2. Нефтепровод Казахстан – Китай

В 1997 г. Китай и Казахстан подписали соглашение, касающееся строительства нефтепровода. 11 июля 2006 г. в китайский граничный город Алашанькоу на перевале Алатау (Джунгарские ворота) попала казахская нефть, начав эксплуатацию нефтепровода, который постепенно расширяется. Это общая собственность «China National Petroleum Corporation» и казахского государственного «KazMunayGas». Нефтепровод проходит через около 3000 км, начиная с казахского порта Атырау на Каспийском море на восток через Кенкияк, Кумколь, Атасу до Алашанькоу в Синьцзян-Уйгурском автономном районе. Уходящие из нефтепровода разветвления на юг и север соединяют его с другими линиями, образуя сеть соединений между Казахстаном, Туркменистаном, Узбекистаном и Китаем длиной более 7500 км. Это первое наземное соединение, позволяющие поставлять в Китай нефть из Центральной Азии. Инь Джунтай из «China Petroleum Exploration and Development Company» отметил, что это ограничивает зависимость китайских получателей от поставок нефти морем через Малаккский пролив, этим путем в Китай поставляется 80% этого сырья.

Lin, Christiana; The New
Kosolapova, Elena; Kazakhstan
Rakhmetova, Klara; Kazakhstan
Rehn, Cecilia; Kazakhstan
ҚазМұнайГаз; Kazakhstan

1.8.3. Турецкий поток

1 декабря 2014 г. президенты России и Турции, Владимир Владимирович Путин и Реджеп Тайип Эрдоган, подписали предварительное соглашение о

строительстве нового газопровода, который пройдет по дну Черного моря. Газ будет поставляться с компрессорной станции Анапа в Краснодарском Крае (Россия) в г. Кыйыкёй в европейской части Турции, откуда должен поставляться в Грецию и другие страны Европы. Эта инвестиция должна стать новым элементом существующей российской газопроводной сети, поставляющей газ в Европу. Жан-Мишель Валантен отмечает, что это означает также увеличение транспортного значения Турции, что в свою очередь связано с китайской инициативой «Нового Шелкового Пути». Он пишет также: «Пекин и Анкара обсуждают китайско-турецкий «пояс» этого «нового шелкового пути» именуемого: «Один пояс, одна дорога» или «Экономический пояс Шелкового Пути». А Анна Кейм и Сульман Хан задают вопрос: «Могут ли Китай и Турция создать Новый Шелковый Путь?»

Keim, Anna Beth; Sulmaan Khan; Can China
Valantin, Jean-Michel; Turkey: An Energy

1.8.4. Нефтепровод Куньмин-Кяокпю

29 января 2015 г. введено в эксплуатацию нефтепровод, соединяющий бирманский порт на Индийском океане Кяокпю со столицей китайской провинции Юньнань Куньмин. Вдоль него расположен газопровод, который был передан в эксплуатацию в 2013 г. Оба трубопровода проложены на трудной горной территории, поросшей тропическим лесом. Оба позволят поставлять в Китай метан и нефть из Южной Азии и Ближнего Востока в обход Малаккского пролива. Проект является совместным предприятием компаний Китая, Индии, Южной Кореи и Мьянмы (ранее Бирма).
Meyer, Eric; With Oil

1.8.4. Нефтепровод Баку-Тбилиси-Джейхан (БТД)

С июля 2006 г. казахстанская нефть, поставляемая нефтепроводом в азербайджанский порт Баку, направляется нефтепроводом в турецкий порт Джейхан на берегу Средиземного моря и далее морем транспортируется в Европу. Для Леонарда Коберна нефтепровод БТД вместе с другими трубопроводами является важной частью Нового Шелкового Пути.
Coburn, Leonard L.; Central Asia

1.9. Линии электропередач и электростанции

1.9.1. CASA-1000

CASA-1000 – это проект, поддерживаемый дипломатией США. Высоковольтная линия электропередачи предназначена для поставки электроэнергии из Таджикистана и Киргизии в Пакистан и Афганистан. Инвестиция должна быть завершена к 2018 году, ее стоимость составляет почти один миллиард долларов США. Проект был разработан по ходу многих встреч, в том числе в г. Алматы в Казахстане, г. Гуанчжоу в Китае и г. Стамбул в Турции с участием представителей: Афганистана, Киргизии, Пакистана, Таджикистана, Всемирного банка, Исламского банка развития, США и Великобритании. Реализация проекта началась в мае 2016 г. Она касается электростанции на реке Вахш вблизи города Нурек в Таджикистане и плотины на реке Нарын недалеко от г. Токтогул в Киргизии в Тянь-Шане. Линия электропередач, ведущая из этих электростанций в города Пакистана и Афганистана, должна быть соединена с другими уже существующими линиями. Например: линия из города Термез в Узбекистане в город Кабул в Афганистане или с таджикской Сангтудинской электростанции на реке Вахш в афганский город Пули-Хумри. В результате этих инвестиций и соединений будет создана энергетическая сеть, охватывающая страны Центральной и Южной Азии.

Casey, Michel; Investors
CASA 1000
Guzek, Paweł; Sangtuda
Fedorenko, Vladimir; The New
Trusewicz, Iwona; Prąd

1.9.2. Гидроэлектростанции Патагонии

Комплекс гидроэлектростанций (Complejo hidroeléctrico Jorge Cepernic-Néstor Kirchner) с двумя плотинами на реке Санта-Крус в Патагонии на юге Аргентины. Построенный на основании контракта, заключенного совместно аргентинский компанией «Electroingenieria e Hidrocuyo» в г. Мендоса и китайской государственной компанией «Gezhouba Group Company Ltd.»в г. Ухань в Центральном Китае.

Watts, Jonathan; Argentina
Xinhua; Argentina

1.10. Телекоммуникация

1.10.1. Телекоммуникация в Африке

Африка переживает бум мобильной связи. По словам Альфреда Вонга в 2007 г. в Африке было 90 млн. телефонов, в 2013 г. 475 млн., а до 2019 года должно быть 930 млн. В этом развитии важную роль играют китайские телекоммуникационные компании: Huawei, Alcatel Shanghai Bell, China Mobile и ZTE. Эти компании действуют активно в нижеперечисленных странах: Алжир, Ангола, Египет, Марокко, Нигерия, Южная Африка, Тунис. Китайские компании поставляют оборудование, а также становятся операторами телекоммуникационных сетей самостоятельно или совместно с местными национальными или другими международными компаниями. О значении развития телекоммуникации для Нового Шелкового Пути пишет Густаво Пласидо Дос Сантос.

Plácido Dos Santos, Gustavo; The United
Wong, Alfred; China's

1.10.2. Спутниковая связь

Estación del Espacio Lejano (China Satellite Launch and Tracking Control General CLTC). Начало строительства датируется 2013 годом в аргентинской провинции Неукен вблизи города Лас-Лахас. Утвержденная парламентом Аргентины 25 февраля 2015 года китайская наземная станция спутниковой связи с антенной диаметром 35 м, предназначена для наземной связи, а также для планируемых китайских полетов на Луну и Марс. Планируемый ввод в эксплуатацию – март 2017 г.

Goñi, Uki; Argentinian
Lee, Victor Robert; China

1.11. Шахты

1.11.1. Актогай (Ақтоғай)

Медный рудник на востоке Казахстана (в 250 км от китайской границы), эксплуатируемый казахстанским предприятием «KAZ Minerals», финансируемым кредитом на сумму 4,2 млрд долларов США, предоставленным «China Development Bank». Согласно международному договору добытая и очищенная здесь медь должна экспортироваться в Китай, который является крупнейшим импортером меди в мире. Побочным продуктом от добычи также должен быть молибден.

Kaz Minerals, Aktogay
Mining Technology, Aktogay

1.11.2. Наталка

Золотой рудник в Колыме на Дальнем Востоке России, в 400 км на север от тихоокеанского порта Магадан. Соглашение между российской компанией «Polyus Gold» и «China National Gold Group Corporation», подписанное в присутствии президента РФ Владимира Путина и председателя КНР Цзиньпин Си, предусматривает совместную добычу, начиная с 2017 года. В руднике должно добываться 15 тонн металла в год.

Polyus, Natalka
The Siberian Times, Major

1.11.3. Тенке-Фунгуруме

Рудник в юго-восточной части Демократической Республики Конго. Одно из крупнейших в мире месторождений меди и кобальта. «China Molybdenum Co.» (CMOC) стало мажоритарным владельцем долей рудника, покупая их 16 ноября 2016 г у компании «Freeport-McMoRan's» из США за 2,6 млн. долларов США. Дейв Форест, описывая китайские инвестиции в добычу меди в разных частях мира, называет их «Новый Медный Шелковый Путь».

Chan, Vinicy; Silk
Forest, Dave; Prime Meridians: A Journey
Pinto, Anet Josline; Denny Thomas; Freeport

1.11.4. Лас-Бамбас

Рудник в Апуримаке около 60 км на юго-восток от Куско в Перу. Куплен в 2014 году у швейцарской компании «Glencore» за 5,85 млрд. долларов США «MMG Limited» китайской компанией со штаб-квартирой в Мельбурне, Австралия. Эндрю Мишельмор сказал, что до 2020 года он станет одним из самых важных в мире медных рудников. Побочными продуктами от добычи являются серебро и золото.

Post, Colin; Las

1.12. Места

Актау (Ақтау)

Портовый город в Казахстане на Черном Море, около 150 тысяч жителей. Важный транспортный узел для пассажирских и грузовых перевозок в судоходстве между портами Алят (Азербайджан), Атырау (Казахстан), Туркменбаши (Туркменистан), Рашт (Иран) и Астрахань (Россия). Важный для перегрузки товаров с поездов на морские паромы и обратно, что делает возможным перевозку товаров между Китаем и Азербайджаном, Грузией, Ираном и Турцией. Как контейнерный поезд «Nomad Express», маршрут которого ведет из Шихези в Китае через казахский Достык в Актау, откуда груз паромом поставляется в азербайджанский Алят. Из г. Алят после перегрузки на поезд груз прибывает в Баку.

Gasimli, Vusal; The New
Kamalova, Gyuzel; Tatyana Kuzmina; New
Қазақстан темір жолы; Seaport

Алашанькоу (阿拉山口)

Китайский город (40 тысяч жителей) в Синьцзян-Уйгурском автономном районе на границе с Казахстаном, расположенный на перевале Алатау

(Джунгарские ворота) (кит. 阿拉山口, каз. Жетісу қақпасы). Железнодо-рожная станция для сообщения Китая со странами Каспийского моря и Европой. Место замены тележек вагонов, вызванного разной шириной колеи: в Китае, как и в Европе – 1435 мм, в Казахстане, как и в России – 1520 мм. 23 декабря 2009 г. здесь была открыта зона свободной торговли для граждан Казахстана. Джунгарские ворота на протяжении веков исполь-зовалась кочевыми народами степей Евразии. Важный перевал для Шелко-вого Пути. Во II в. до н. э. перевал преодолевал Цянь Чжан, отправляемый китайским императором У-ди из династии Хань с миссиями в Царства Центральной Азии.

Azaaroll, Augusto; An Early
China Knowlegde; The Shiji
Encyclopaedia Iranica; Chinese
HKTDC; What
KazWorldInfo; Trade Zone
Kouros, Alexis; The New

Алят (Ələt)

Порт в Азербайджане (13 тысяч жителей) на Каспийском море. Важный город для пассажирских и грузовых перевозок в морском судоходстве между портами Азербайджана, Казахстана, Туркменистана, Ирана и России. Также он является важным для грузового железнодорожного транспорта между Китаем и странами Каспийского моря. Место перегрузки товаров с вагонов на морские паромы и обратно. Ключевой город для реализации «Азербайджанского проекта Шелкового Пути», финансируемого «Islamic Development Bank» из Саудовской Аравии. Проект является частью про-граммы TRACECA (Транспортный Коридор Европа-Кавказ-Азия).

Gasimli, Vusal; The New
Gücüyener, Ayhan; Alyat
Islamic Development Bank; Aid

Алматы (Алма-Ата) (каз. Алматы)

Крупнейший город Казахстана (1,5 млн. жителей), международный аэропорт. Город, расположенный на востоке страны у подножия гор Тянь-Шань. 25 ноября 2015 года здесь было принято «Алматинское соглашение» с участием Афганистана, Бутана, Китая, Ирана, Казахстана, Киргизии, Южной Кореи, Непала, Пакистана, Таджикистана, Турции, Туркменистана, Узбекистана и ЮНЕСКО. Это программа международного сотрудничества, направленная на сохранение культурного наследия Шелкового Пути и его использование для развития туризма.

Almaty Agreement
New China; One
Winter, Tim; One

Астана

Столица Казахстана (более 800 тысяч жителей). Железнодорожная станция для сообщения Китая со странами Каспийского моря и Европы. Место конференций и дипломатических встреч, важных для Нового Шелкового Пути. В местном университете им. Нурсултана Назарбаева 7 сентября 2013 года председатель КНР Цзиньпин Си выступил с речью «Содействие дружбе между людьми и создание лучшего будущего», в которой он представил основные положения китайского проекта строительства Экономического пояса Шелкового Пути.

Dyussembekova, Zhazira; Silk
Ministry of Foreign Affairs of the People's Republic of China; President
Schaefer, Michael; Co-Driving
Turebekova, Aiman; Kazakhstan
Xi, Jinping; Speech at Nazarbayev

Баку (Bakı)

Столица и крупнейший город Азербайджана (2 млн. жителей). Крупнейший и древнейший порт на Каспийском море, история которого начинается по крайней мере в XII веке. Играет важную роль в общении между морскими странами: Азербайджаном, Казахстаном, Туркменистаном, Ираном и Россией. Играет важную роль также для железнодорожного транспорта между Китаем и странами Кавказа: Азербайджаном, Грузией, а также для планируемого транскавказского сообщения с Турцией, которое должно проходить из Баку через Грузию ((Тбилиси, Ахалкалаки) в турецкий город Карс. 25–27 апреля 2016 г. здесь проходил седьмой Глобальный Форум Альянс цивилизаций Организации Объединенных Наций под названием «Жить вместе в инклюзивных обществах».

Azerbaijans; History
Forrest, Brett; The New
Global Forum Baku 2016
Rukhadze, Vasili; Completion

Белград (Београд)

Столица Сербии (1,6 млн. жителей). 16–17 декабря 2014 здесь проходила «Третья встреча глав правительств Китая и стран Центральной и Восточной Европы», в которой участвовали премьер-министры Китая, а также 16 стран Европы: Албании, Боснии и Герцеговины, Болгарии, Хорватии, Черногории, Чехии, Эстонии, Литвы, Латвии, Македонии, Польши, Румынии, Сербии, Словакии, Словении и Венгрии. Обсуждались возможности сотрудничества и товарооборота между Китаем и Европой и хозяином, премьер-министр Сербии Александр Вучич сказал: «Сербия рассматривается как перекресток, где встречаются экономика, транспорт и культура Юго-Восточной Европы, и как мост, соединяющий Восток и Запад 21-го века». Утром 18 декабря 2014 г. премьер-министр Сербии вместе с премьер-министром КНР Кэцяном Ли торжественно открыли мост на Дунае, построенный китайским предприятием «China Road and Bridge Corporation». Мост должен облегчить железнодорожное сообщение управляемого китайским COSCO греческого порта Пирей с европейским континентом.

Belgrade Meeting, Belgrade
Cooperation between China and Central
Serbia Construction; Chinese

Чэнду (成都)

Город в центральном Китае (4 млн. жителей). Местонахождение властей провинции Сычуань. Важный железнодорожный узел – станция для грузовых поездов в Европу, международный аэропорт Чэнду Шуанлю. Уже более 2 тысяч лет назад этот город стал важным торговым центром на пути «Южного Шелкового Пути», ведущего из Китая своими разветвлениями в Бирму, Индию и Вьетнам Сегодня город является туристической достопримечательностью для экскурсий старым Шелковым Путем, как, например, «8-дневный тур по Шелковому Пути с Чэнду Пандой» – предложение «China Discovery» из Чэнду. Город является также привлекательным для иностранных инвесторов. 262 компании из списка крупнейших компаний «Fortune Global 500» активно инвестируют в Чэнду.

China Discovery; 8 Days
HKTDT Research; The Belt
Hogg, Rachael; China
Kyle, Wang; Chengdu
Li, Yu; Chao Peng; Yining Peng; Chengdu
Southern Silk Road

Чунчин (重庆)

Город (4,8 млн. жителей) в центральном Китае на реке Янцзы. 13–15 октября 2016 г. здесь проходила конференция Коммунистической Партии Китая «КПК в диалоге со всем миром», в которой приняло участие более 300 участников из более чем 50 стран, в том числе, бывший президент Польши Бронислав Коморовски. Открывая встречу, Юньшань Лю, член политбюро партии сказал, что партия хочет развивать сотрудничество с партиями из других стран, чтобы совершенствовать управление глобальной экономикой. Одной из тем встречи стал проект «Один пояс, одна дорога».

China Daily, CPC
Wiadomości, Chiny

Малаккский Пролив (Selat Melaka)

Пролив шириной 36 км между Малайским полуостровом и индонезийским островом Суматра, соединяющий Индийский и Тихий океаны. Имеет важное значение для международного морского транспорта. Является ключевым для экспорта товаров, отправляемых из Китая в Европу, Южную Азию, Ближний Восток и Африку, и импорта с этих направлений: сырья, продуктов питания и других товаров. Почти 80% нефти, импортируемой в 2015 г. в Китай из Бразилии, Венесуэлы, США, Заира, Анголы, Саудовской Аравии, Омана, Кувейта, Ирака и Объединенных Арабских Эмиратов, было доставлено в Китай танкерами через этот пролив. Одной из причин китайских предложений строительства Нового Шелкового Пути является необходимость уменьшения зависимости страны от пути через Малаккский Пролив.

A Crucial Feature
Clover, Charles; Lucy Hornby; China's
Cheng, Shuaihua; China's
QIC; The New
Wheeler, Andre; The New

Черноморск (Чорноморськ)

Украинский портовый город (70 тысяч жителей) на Черном море в 20 км западнее от Одессы. Имеет важное значение для грузового транспорта между Китаем и Европой. Место перегрузки товаров с поездов на паромы и обратно, благодаря чему товары из китайского города Алашанькоу по железной дороге поставляются в казахский порт Актау. Оттуда паромом через Каспийское море в азербайджанский порт Алят. Из порта Алят по железной дороге в грузинские порты Поти и Батуми. Далее через Черное море в Черноморск. Оттуда повторно по железной дороге в Венгрию, Словакию, Беларусь, Польшу и Литву.

Centre for Transport Strategies; New
Kozak, Michał; Ukraine

Достык (Достық)

Казахский городок (5 тысяч жителей) на границе с Китаем, расположенный в Джунгарских воротах. Железнодорожная станция, обеспечивающая замену тележек железнодорожных вагонов, вызванную разной шириной колеи: в Китае – 1435 мм, в Казахстане – 1520 мм. Благодаря сообщению с Алашанькоу с китайской стороны Джунгарских ворот Достык имеет важное значение для грузового железнодорожного транспорта между Китаем и странами Каспийского моря и Европы.

Bradsher, Keith; Hauling
Chinese Turkestan
Nuttall, Clare; Building
Slobodchuk, Sergey; New

Дубай (دبي)

Город (2,6 млн. жителей) над Персидским Заливов, столица эмирата, входящего в состав Объединенных Арабских Эмиратов. Международный аэропорт «Jebel Ali», девятый в мире по величине перегрузок (около 14 млн. TEU в 2013 г.). Международный аэропорт (см.: 1.5.2.) также принадлежит к крупнейшим в мире. Технологический парк «Dubai Internet City», а в нем: Facebook, LinkedIn, Google, Dell, Intel, Huawei, Samsung, IBM, Oracle Corporation, Tata Consultancy, 3M, Sun Microsystems, Cisco, HP, Nokia. Шейх Нахайан бен Мубарак, министр науки Объединенных Арабских Эмиратов отметил, что Дубай находится не только на Шелковом Пути, но также на воздушном и электронном. Местонахождение финансовых компаний, таких, как «New Silk Road Company LTD» и других компаний с глобальными масштабами. Самое высокое здание в мире – Бурдж-Халифа (829 м). Находящийся здесь «Dubai Mall» – это крупнейший по площади торговый центр в мире, более 1200 магазинов, 80 миллионов клиентов в 2014 году. Археологические находки в Дубае (Al Sufouh), вблизи Дубая (Аль-Айн в эмирате Абу-Даби), а также в других местах побережья залива (например, Бахрейн) датированы на время эпохи бронзы, железа и средневековья позволяют говорить о долгой торговой традиции Дубая и его окрестностей. На побережье уже более 4 тысяч лет возникали портовые поселки, в которых маршруты сухопутных караванов полуострова встречались с морскими путями. Они являлись также промежуточными остановками в дальней морской торговле между городами Месопотамии и заливом, и странами Индийского океана: Омана, Африки, Азии.

Dubai International Financial Centre
Kane, Frank; New Silk
New archaeological discovery
The Dubai Mall
The National Council for Tourism

Дуйсбург

Немецкий город (487 тысяч жителей) на Рейне в Северной Рейн-Вестфалии. Один из крупнейших в мире речных портов, обслуживающих морские судна несмотря на расстояние от моря более 200 км. Расположенный вблизи 6 автомагистралей. Важный железнодорожный узел для сообщения Чжэнчжоу-Гамбург и других поездов с Китаем. Уже в IX-X веках город играл важную роль – торговые контакты проходили по реке Рейн, соединяя Северное море со Средиземным.

Chen, Xiangming; Julia Mardeusz; China
Forss, Pearl; Anthony Morse; China's
Fremde Impulse; The city
Makinen, Julie; Violet Law; China's

Гуанчжоу (ранее Кантон, кит. 广州)

Китайский город (13 млн. жителей) в дельте реки Чжуцзян («Жемчужная Река»), впадающей в Южно-Китайское море. Крупный морской и речной порт, обеспечивающий сообщения с более чем 300 портами в более чем 80 странах. Международный аэропорт Байюнь (55 млн. пассажиров в 2015 г.). Город важный для китайской стратегии Нового Пути – «Один пояс, одна дорога». Он играл ключевую роль в морских отношениях Китая с внешним миром уже в раннем средневековье. Порт, в который прибывали персидские и арабские купцы. Отмечался в «Описании Китая и Индии»

Сулеймана Купца с 851 года. О мусульманских контактах свидетельствует мечеть Хуайшань, построенная во времена династии Сун или Тан.

China Highlights; Maritime
The Danish Chamber of Commerce
Wspaniały Świat

Гамбург

Немецкий город (1,8 млн. жителей), международный аэропорт, узел автомобильных дорог и железнодорожного транспорта. Конечная станция железнодорожного сообщения из Чжэнчжоу и других городов в Китае. Морской порт на Эльбе в 110 км от от ее впадения в Северное море, который является вторым по величине портом в Европе (9,3 млн. TEU в 2013 г.). Расширенный в XII веке, он сыграл важную роль в торговых отношениях Северного и Балтийского морей и позже в атлантической торговле с Америкой.

FrankWaterloo; New
HKTDC Research; The Belt
Port of Hamburg; History

Герат (هرات)

Город в западном Афганистане (436 тыс. жителей), столица провинции Герат. Соединенный автомобильной магистралью с Кандагаром на востоке страны имеет важное значение для транзитного движения через Афганистан. Город с персидских времен расположен на пересечении дорог: на север в Мерв и Бухару, на восток в Балх и Китай, на юг в Керман и другие города Ирана, на запад в иранский Нишапур и далее в Константинополь (позже Стамбул). Включен в список всемирного наследия ЮНЕСКО. Этот город привлекателен для туристических агентств с разных континентов.

Harold, Frank; Herat
Kucera, Joshua; U.S.
The Unesco; The City
The UNESCO Silk Road; Herat
Waugh, Daniel C.; The Silk

Гонконг (香港)

Китайский город (7,3 млн. жителей), Специальный Административный Район КНР на побережье Южно-Китайского моря. Международный аэропорт, который в 2015 г. обслужил 68,5 млн. пассажиров. Морской порт (перегрузка 22,3 млн. TEU в 2014 г.). Важный город для реализации китайского проекта «Морской Шелковый Путь-21 века», то есть увеличения сообщений Китая с Юго-Восточной Азией. 18 мая 2016 г. здесь проходила международная конференция «Пояс и дорога». Местонахождение «Hong Kong Stock Exchange» – одной из крупнейших бирж мира.

Belt and Road Summit
Dworakowska, Katarzyna; Port
HKTDC; Belt
Lee, Eddie; Hong
Sant, Shannon Van; Hong

Стамбул (раньше: Константинополь, тур. İstanbul)

Крупнейший город Турции (14 млн. жителей), расположенный на двух берегах пролива Босфор, отделяющего Азию от Европы. Сам пролив Босфор обеспечивает судоходство с Черного моря в Мраморное море и далее в Эгейское и Средиземное моря. 28–30 октября 2013 г. здесь проходил «Международный Конгресс Шелкового Пути: Новый подход к пути торговли, сотрудничества и мира», организованный под эгидой президента Турции, касающийся «необходимости оживления Исторического Шелкового Пути». На европейской стороне расположен крупнейший турецкий международный аэропорт Ататюрк Улусларарас Хавалимани, который в 2015 г. обслужил 60 миллионов пассажиров, он занимает 10 место в мире и третье место в Европе после лондонского аэропорта Хитроу и парижского аэропорта им. Шарля де Голля. Город с длинной историей. По очереди: поселок эпохи бронзы, греческая колония, римский город и столица Византийской империи, после захвата турками столицы Османской империи в 1453 году. Он играл важную роль на старом Шелковом Пути, являясь посредником в контактах между Востоком и Европой. Здесь важными являлись, в частности, торговые морские контакты с Венецией.

Abu-Lughod, Janet; Before
INOMISC; International
Istanbul Ataturk Airport
Stahl, Alan; Zecca
Turksoy; The Conference

Екатеринбург

Российский город (1,4 млн. жителей), расположенный у восточного подножия Урала. Важный железнодорожный узел. Место соединения Транссибирской железнодорожной магистрали Москва-Владивосток с маршрутом поездов, следующих из Китая в Европу (в том числе, в города: Лодзь, Гамбург, Дуйсбург). Город был основан в 1723 году на сибирском маршруте, соединяющем Китай с Россией (Москва) через Иркутск, Томск, Тобольск, Екатеринбург, Пермь, Казань.

Engdahl, F. William; China's
Eurasian Business Briefing; New
Kolej Transsyberyjska; Jekaterynburg
Tian, Xuefei; All

Кашгар (кит. 喀什, уйг. ﻗﻪﺷﻘﻪﺭ)

Китайский город (340 тыс. жителей) в Синьцзян-Уйгурском автономном районе. Город, в котором в подавляющем большинстве проживают мусульманские уйгуры. Большой голубиный рынок. Имеет важное значение для планов строительства Экономического коридора Китай-Пакистан, соединяющего Кашгар с пакистанским портом Гвадар. Очень важный город для старого Шелкового Пути. Восточнее него вели два маршрута, которые обходили пустыню Такла-Макан. Один с северной стороны, другой с южной стороны. Далее оба маршрута вели к китайским городам. Западнее него дороги разветвлялись и направлялись: на север – в Сибирь, на запад- в Центральную Азию и на юг – в Индию.

BBC News; Is China
Gilad, Uri; Marika Vicziany; Xuan Zhu; At the
Kundu, Shohini; The New

Levin, Dan; Silk
Liu, Jing; The ancient

Лодзь

Город в центральной Польше (700 тыс. жителей). Узел автомобильных и железных дорог Курсирующие с 2013 года грузовые поезда Лодзь-Чэнду являются первым регулярным железнодорожным сообщением Польши и Китая. В 2015 году запущено грузовое сообщение Лодзь-Сямынь на китайском побережье Тайваньского пролива. Оператором обоих соединений является лодзинская компания «Hatrans Logistic» под руководством Томаша Гжеляка.

Możdżyński, Bogdan; Chiński

Малашевичи

Небольшой польский город (1700 жителей) на границе с Беларусью. Пограничная железнодорожная станция международного значения. Место замены железнодорожного подвижного состава широкой колеи (1520 мм), используемой в странах бывшего Советского Союза, на подвижной состав колеи с шириной 1435 мм, используемой в Польше и других европейских странах. Промежуточная станция для поездов, курсирующих между Китаем и Лодзью, Берлином, Саарбрюккеном, Мадридом и другими городами Западной Европы.

Hatrans Logistics; New

Минск (Мінск)

Столица Беларуси (1,9 млн. жителей). Железнодорожная станция для поездов, курсирующих между Китаем и Польшей, Германией и другими странами Западной Европы. В 25 км на восток возле автомагистрали М1 Берлин-Москва возводится китайско-белорусский индустриальный парк «Великий Камень» площадью 80 км². Производимая здесь продукция китайских компаний должна направляться в страны Европейского Союза и Содружества Независимых Государств. Завершение начатого в 2012 году строительства планируется в 2042 году. Планируемая стоимость – 30 млрд. долларов США, в 80% должна финансироваться Китаем Председатель КНР Цзиньпин Си назвал эту инвестицию «жемчужиной экономической инициативы Шелкового Пути».

EuroBelarus; As
Gruszczyński, Bartosz; Chińskie
Xinhuanet; Xi's visit

Момбаса

Портовый город в Кении на Индийском океане (1,2 млн. жителей): океанический порт, терминалы для загрузки танкеров и контейнерной перегрузки между судами и поездами Один из крупнейших контейнерных портов Африки, управляемый государственным предприятием «Kenya Ports Authority». Играет важную роль в китайском проекте «Морской Шелко-выйт-Путь 21 века» и появляется на его многих картах. В Средневековье порт старого морского Шелкового пути, к которому заходили корабли из многих портов Индийского океана, также из Индии, Малайя и Китая.

Abu-Lughod, Janet; Before
Asante, Molefi Kete; The History
Moritz, Rudolf; One
The Maritime Executive; China

Найроби

Столица Кении (3,4 млн. жителей). Международный аэропорт имени Джомо Кениаты поддерживает сообщения с более, чем 50 странами трех континентов «Старого Света», отправляя в среднем 19 тысяч пассажиров в день. В Найроби находится «Sino Africa Centre of Excellence Foundation», «целью которого является содействие торговле и инвестициям Китая и Африки». Адедана Ашебир из фонда сказал агентству «Спутник»: «Кения станет воротами Африки для бизнеса, инвестиций и торговли. Политика «Один пояс, один путь» по существу создает новый морской Шелковый Путь … который соединит Европу, Азию и Африку через различные порты. Это поможет Кении стать еще более важным торговым центром в регионе».

12 мая 2014 г. в Найроби при участии китайского премьер-министра Кэцян Ли было подписано соглашение о строительстве железнодорожной линии, соединяющей Найроби с Момбаса, кенийским портом на Индийском океане. Линия длиной 610 км будет софинансироваться Китаем и должна быть реализована китайскими компаниями до 2018 года. В будущем должна быть продлена в Уганду, Руанду, Бурунди и Южный Судан.

BBC News; China
Kenya Airports Authority; Nairobi
Levchenko, Anastasia; Kenya
Parke, Phoebe; Kenya's
SACE Foundation
Tiezzi, Shannon; China's

Пекин (北京)

Столица Китайской Народной Республики, один из крупнейших городов мира (21 млн. жителей). Важный железнодорожный узел. Железнодорожное сообщение с Москвой и Гонконгом. Узел скоростных дорог, соединяющих город с другими регионами страны. Аэропорт «Beijing Capital International Airport» в 2015 году обслужил более, чем 90 млн. пассажиров, более, чем 580 тысяч полетов и более, чем 1,8 млн. тонн груза. Местонахождение, созданного по инициативе КНР 25 декабря 2015 г., «Asian Infrastructure Investment Bank» (AIIB), объединяющего 57 стран мира. Местонахождение многих центральных учреждений КНР, решения которых оказывают влияние на многие проекты и инициативы Нового Шелкового Пути. В Доме народных собраний на площади Тяньаньмэнь встречается Всекитайское собрание народных представителей (全国人民代表大会), которое является высшим органом государственной власти в соответствии с Конституцией. Собрание избирает Председателя КНР, которым в настоящее время является Цзиньпин Си. В комплексе зданий Чжуннаньхай, который является частью бывшего имперского города, Коммунистическая партия Китая имеет свою штаб-квартиру.

Asian Infractructure Investment Bank
News of the Communist Party
Beijing Capital International Airport

The National People's Congress
Trans-siberian Travel

Порто-ду-Асу

Бразильский порт Сан-Жуан-да-Барра на Атлантическом океане в штате
Рио-де-Жанейро. Открыт в 2012 году для больших китайских контейнеровозов, способных перевозить до 400 тысяч. тонн груза. Эндрю Корыбко
написал о нем: «Шелковый Путь тянется к Южной Америке». В китайском
предложении строительства трансамериканской железной дороги имел бы
соединение с перуанским портом Пуэрто-Ило на Тихом океане.

Korybko, Andrew; China's
Phillips, Tom; Brazil's

Торугартский перевал (кит. 图噜噶尔特山口, кирг. Торугарт)

Перевал в в горной системе Тянь-Шань на высоте 3752 м над уровнем
моря, вблизи озера озеро Чатыр-Куль (кирг. Чатыркөл). Пограничный
переход между Киргизией и КНР на дороге, ведущей из Кашгара в Китайский Синьцзян Уйгурского автономного района на север международной
дорогой E125 в Киргизский город Нарын (кирг. Нарын), Балыкчи (кирг.
Балыкчы) и Бишкек (кирг. Бишкек) – столицу Киргизии. Когда-то важный маршрут для Шелкового Пути. С Бишкека дороги вели на восток в
Алма-Ату, на запад в Центральную Азию и на север в Сибирь. Сегодня
перевал привлекает туристов, путешествующих по древнему Шелковому
Пути. Например, перевал находится в программе тур-агентства «Silk Road
Treasure Tours» из США, который бюро рекламирует как::

> «Настоящее, запоминающееся на всю жизнь путешествие по Шелковому Пути».

Caravanistan; Torugart
Азаттык; Торугарт

Пуэрто-Ило

Перуанский порт в Ило на Тихом океане. В предлагаемом КНР строительстве трансамериканской железной дороги имел бы соединение с

бразильским портом Порто-ду-Асу на Атлантическом океане. Сильвестер Сафаж пишет о нем в тексте «Старый и новый Шелковые Пути».

Korybko, Andrew; The Silk
Municipalidad Provincial De Ilo
Szafarz, Sylwester; Stare

Шанхай (上海)

Китайский портовый город (более, чем 24 млн. жителей в 2015 г.) на Восточно-Китайском море в дельте реки Янцзы. Крупнейший город в мире по численности населения. Крупнейший порт в мире по объему перегрузки (33,6 млн. TEU в 2013 г.). Он должен играть важную роль в морских отношениях Китая в рамках проекта «Морской Шелковый Путь 21 века». Здесь находится «Шанхайская башня» (632 м), второе по высоте здание в мире. В Шанхае 15 июня 2001 г. была создана Шанхайская организация сотрудничества. А 10–11 марта 2016 г. здесь проходила конференция «Global Conference "Silk Road: Euroasia Connectivity"», во время которой развитие китайско-итальянских отношений обсуждали политики, научные сотрудники и предприниматели обеих стран.

BAA Global Conference
Shanghai Cooperation Organization
Shanghai International Port

Ташкент (узб. Тошкент)

Столица Узбекистана (2,3 млн. жителей). Международный аэропорт «Toshkent Xalqaro», один из важнейших в Центральной Азии, в 2014 г. обслужил почти 3 млн. пассажиров. Город соединен с Самаркандом скоростной железной дорогой. 23–24 июня 2016 г. здесь проходила встреча глав государств, входящих в состав Шанхайской организации сотрудничества. Ричард Ковингтон называет Ташкент «Сердцем Нового Шелкового Пути». Очень старый город, важный для старого Шелкового Пути, основанного в древности как оазис в западной части подножия Тянь-Шань, где соединялись разные маршруты. Маршрут, идущий на восток в Ферганскую долину. Другой, идущий на юго-запад в Самарканд, который разветвлялся и вел дальше на юг к Бухаре и Мары (ранее Мерв), или на запад в г. Хива. Следующий маршрут вел на север через Шымкент в южную Сибирь. Посещаемый и отмечаемый китайский монахом и путешественником в VII веке, Сюаньцзан (玄奘) в его «Записках о западных странах [эпохи] великой тан» (大唐西域記).

Covington, Richard; Heards
Uzbekistan Today; Tashkent

Урумчи (кит. 乌鲁木齐, уйг. ‫اۈرۈمچى‬)

Китайский город (более, чем 3 млн. жителей), столица Синьцзян-Уйгурского автономного района. Международный аэропорт «Ürümqi-Diwopu», который в 2015 г. обслужил свыше 18 млн. пассажиров. Железнодорожная станция на линии, соединяющей город Иу в восточном Китае с Европой и иранским Тегераном. 23–25 июля 2015 г. здесь проходила конференция «Silk Road Economic Belt Cities Cooperation and Development Forum», в которой научные сотрудники, предприниматели и чиновники из 55 городов из 17 стран беседовали о сотрудничестве в области торговли, промышленности и интернета. В китайских планах город должен стать важным туристическим и торговым центром, а также центром путей сообщения инициативы «Экономический пояс Шелкового Пути». Здесь находится Музей Шелкового Пути Синьцзян-Уйгурского автономного района (新疆丝绸之路博物馆), а также Международный Большой базар, один из крупнейших в мире.

Cole, Juan; The Chinese
The Economic Times; 55 cities
Winter, Tim; One
Wu, Annie; Xinjiang
Wu, Annie; Urumqi

Венеция (Venezia)

Портовый город (270 тыс. жителей) в северной Италии на Адриатическом море. Находится на картах планируемого Нового Шелкового Пути, опубликованных китайским агентством «Xinhua». Это последний порт назначения морского участка пути, который из Шанхая и других портов Китая проходит через Малаккский пролив, индийский город Калькутта, город Найроби в Кении, Суэцкий канал и город Пирей в Греции в Венецию. А из Венеции наземная часть пути проходит по реке Рейн в город Роттердам в Голландии и далее через Москву, центральную Азию в китайский город Урумчи и в другие регионы Китая. Город основан в V веке. Участвовал в контактах старого Шелкового Пути, посредничая между Европой и странами востока. Из Венеции в 1271 году Марко Поло отправился на восток, добравшись до Китая, чтобы вернуться в город в 1295 году.

Abu-Lughod, Janet; Before
Tiezzi, Shannon; China's

Сямынь (Amoy, кит. 厦门)

Портовый город (3,5 млн. жителей) в юго-восточном Китае на побережье Тайваньского пролива. Международный аэропорт «Xiamen Gaoqi» (20,8 млн. пассажиров в 2015 г.). Океанский порт, 8 по величине торговый порт в КНР для судов в более чем 50 стран мира и паромов на Тайвань (8 млн TEU в 2013 г.). Уже с раннего средневековья город играет важную роль в морских контактах Китая с миром. Город важен для новой китайской стратегии «Морской Шелковый Путь21века». Место ежегодной Китайской международной торгово-инвестиционной ярмарки. Матиас Мертенс из бельгийского Антверпена, посещающий город, написал: «Сегодня более 90% торговли между Европой и Китаем осуществляется морским путем, а Шелковый Путь стал достоянием археологов и историков. Тем не менее, разговоры о Новом Шелковом Пути можно услышать во всех уголках мира.»

Ge, Huang; Xiamen
Mertens, Matthias; Along
World Port Source; Port
Zhen, Luo; One

Сиянь (Xi'an, кит. 西安)

Город в центральном Китае (8,7 млн. жителей). Узел автомобильных дорог (3 скоростные магистрали) и железнодорожный узел. Соединение скоростной железнодорожной линией с Чжэнчжоу. Промежуточная станция соединения Иу-Мадрид, Чунцин-Дуйсбург и других соединений китайских городов с европейскими. В 2015 г. международный аэропорт «Xi'an Xianyang» обслужил почти 33 млн. пассажиров. В 1991 году здесь была создана зона «High-tech Industrial Development Zone», в которой размещено инвестиции более 1200 международных компаний, в том числе из Нидерландов, Японии, Канады, Южной Кореи, Германии, США. Один из древнейших китайских городов. Бывший Чанъань, столица страны для многих династий. Начальный и конечный город многих дорог, составляющих сеть Шелкового Пути. Также большая туристическая достопримечательность из-за гробницы первого китайского императора Цинь Ши с 210 г. до н.э. с терракотовой армией. Сегодня, по данным Национальной комиссии развития и реформ, в новом проекте «Экономический Пояс Шелкового Пути» город должен стать ключевым центром логистики наземных и морских соединений между Азией и Европой.

China; Xi'an
UNCTAD; Investment, 17
UNESCO; Xi'an
Wong, Tsoi-lai Catherine; Xi'an

Иу (义乌)

Город (1,2 млн. жителей) в Восточном Китае. Железнодорожная станция и терминал для международных грузовых поездов дальнего следования. Начальная и конечная станция соединения с Мадридом и другими городами Европы Крупнейший в мире торговый комплекс «Yiwu International Trade Mart» и свыше 70 тысяч магазинов.

Huang, Flora; Yiwu
Yiwu Market Guide

Чжэнчжоу (郑州)

Город (6,4 млн. жителей) в Восточном Китае. Важный железнодорожный узел. Начальная станция трех важных маршрутов на запад. Черен Урумчи, Алашанькоу, Астану, Октябрьск, Брест, Варшаву в Прагу, Дуйсбург, Гамбург, Париж, Милан. Через китайский город Маньчжурия, российские города Новосибирск, Екатеринбург, Москва, белорусские города Минск, Брест, польский город Варшава и далее в города западной Европы. Через Алашанькоу в Алма-Ату в Казахстане. Международный аэропорт «Zhengzhou Xinzheng», который в 2015 г. обслужил 17,3 млн. пассажиров.

Aneja, Atul; Zhengzhou
Makinen, Julie; Violet Law; China's
Zhengzhou International Hub

Жезказган (Жезқазған)

Город (100 тыс. жителей) в центральном Казахстане. Железнодорожная транзитная станция для соединения Китая со странами региона Каспийского моря и с Украиной и другими странами Европы. Также для соединения Китая с Польшей, Германией и другими странами Европы через Россию и Беларусь.

Acar, A. Zafer; Zbigniew Bentyn; Batuhan Kocaoğlu; Logistic
Chernov, Vitaly; Russia's
Daly, John C.K.; China

Часть 2. Люди, учреждения, проекты

Asian Development Bank (ADB)

Международное финансовое учреждение с местонахождением в Мандалью-ионг на Филиппинах, основанное в 1966 г. Объединяет 67 участников, в том числе, 48 с Азии и 19 с других континентов, также США и КНР. Пишет сам о себе: «финансовое учреждение, которое будет носить азиатский характер и будет способствовать экономическому росту и сотрудничеству в одном из беднейших регионов мира». Под лозунгом «Новый Шелковый Путь» финансирует программу «Central Asia Regional Economic Cooperation Program», которая касается сотрудничества в области транспорта и энергии между: Афганистаном, Азербайджаном, КНР, Казахстаном, Киргизией, Монголией, Пакистаном, Таджикистаном, Туркменистаном и Узбеки-станом. Банк является ответственным за финансирование строительства газопровода ТАПИ, которым из Туркменистана должен поставляться газ в Афганистан, Пакистан и Индию (см. 1.6.1).

Asian Development Bank
Asian Development Bank; The New

«Asian Infrastructure Investment Bank» («АИИБ»)

Международное финансовое учреждение с местонахождением в Пекине, созданное по инициативе китайских властей в ходе серии переговоров в городах: Куньмин (КНР), Мумбай (Индия), Алма Ата (Казахстан), Сингапур в 2014–2015 годах. Соглашение о создании банка, вступившее в силу 25 декабря 2015 года, подписали представители 57 стран: Саудовская Аравия, Австралия, Австрия, Азербайджан, Бангладеш, Бразилия, Бруней, Мьянма, КНР, Дания, Египет, Филиппины, Финляндия, Франция, Грузия, Испания, Нидерланды, Исландия, Индия, Индонезия, Иран, Израиль, Иордания, Камбоджа, Катар, Казахстан, Южная Корея, Кувейт, Киргизия, Лаос, Люксембург, Малайзия, Мальдивы, Мальта, Монголия, Германия, Непал, Новая Зеландия, Норвегия, Оман, Пакистан, Польша, Португалия, ЮАР, Россия, Сингапур, Шри-Ланка, Швеция, Швейцария, Таиланд, Таджики-стан, Турция, Узбекистан, Вьетнам, Великобритания, Италия, Объединен-ные Арабские Эмираты.

Из группы "G7" ведущих экономически развитых стран участия в банке не заявили: США, Япония и Канада. Пейминь Ни из США пишет, что в отличие от Всемирного банка и Международного валютного фонда, в котором США имеют право вето, в «АІІВ» не предусмотрено права вето, даже для крупнейшего акционера КНР. Автор приводит это как пример философии «нового мирового порядка», который должен быть полицентрическим и «не вертикальным, а горизонтальным», т.е. основанным не на доминировании, а на таких ценностях, как «диалог, партнерство и сотрудничество» между странами.

Asian Infrastructure Investment Bank
Ni, Peimin; The Underlying

«Athens Silk Road International Travel»

Туристическое бюро «основанное в Афинах, в Греции в августе 2000 г. мистером Лан Сяочэн», чтобы дать возможность китайским и греческим туристам восхищаться красотой обеих стран.
Silk Road International Travel

China Ocean Shipping Company (COSCO)

Государственное предприятие морского транспорта в КНР со штаб-квартирой в Пекине и отделениями, а также дочерними компаниями во многих странах мира на разных континентах, в том числе, в греческом порту Пирей (см.: 1.4.1.). Одно из крупнейших предприятий морского транспорта в мире. Более 160 контейнеровозов общей вместимостью свыше 750 тысяч ТЕU. Крупнейший в мире танкерный флот по количеству единиц и тоннажу. Один из крупнейших флотов навалочных судов для перевозки различных товаров. Суда прибывают в более 1000 портов на 6 континентах.

China Ocean Shipping Company
Koutantou, Angeliki; Brenda Goh; After
Zhong, Nan; COSCO

Клинтон, Хиллари

Госсекретарь США в 2009–2013 годах. 20 июля 2011 г. в индийском Ченнаи (ранее Мадрас) сказала: «Исторически народы Южной и Центральной Азии были связаны друг с другом и остальной частью континента разветвленной торговой сетью под названием Шелковый Путь. (…) Давайте работать вместе, чтобы создать новый Шелковый Путь.» После возвращения из Азии в сентябре 2011 года она представила план послевоенного восстановления Афганистана через развитие инфраструктуры, соединяющей эту страну с Центральной Азией, Индией и Пакистаном. Проект был определен как «Инициатива Нового Шелкового Пути». Как пишет Тереза Фэллон, один из китайских дипломатов описал реакцию Китая на использование термина «Шелковый Путь» для американской политики: «Когда США инициировали это, мы были опустошены. У нас были длинные бессонные ночи. И спустя два года председатель Си предложил стратегическое видение нашей новой концепции Шелкового Пути».

Clinton,Hillary Rodham; Remarks
Fallon, Theresa; The New
Fedorenko, Vladimir; The New
Kucera, Joshua; The New
U.S. Department of State; New

«DB Schenker»

Международная компания из Германии с местонахождением в Берлине и свыше 2000 представительствами в разных странах мира: «мы поддерживаем промышленность и торговлю в глобальном товарообороте посредством наземного транспорта, всемирного воздушного и морского транспорта, контрактной логистики и управления цепочками поставок». Председателем Правления является Йохен Тхевес. В оферте «Modern Silk Road» компания предлагает грузовые перевозки между китайским Шанхаем и немецким Гамбургом: морские (35–40 дней), железнодорожные (14–18 дней) и воздушные (1 день). Среди железнодорожных сообщений имеются также следующие: Сучжоу (Китай) – Варшава (Польша), Харбин (Китай) – Гамбург (Германия), Брест (Беларусь) – Забайкальск (Россия),

Ухань (Китай) – Дуйсбург / Гамбург (Германия), Шэньян (Китай) – Лейпциг (Германия)), Чунчин (Китай) – Дуйсбург (Германия), Чжэнчжоу (Китай) – Гамбург (Германия), Чэнду (Китай) – Лодзь (Польша). Оферта также включает в себя комплексное соединение Китая с Бразилией, в которую входят: железнодорожные сообщения Китая с Германией, а также воздушные сообщения Германии с Бразилией.

DB Schenker
Wollmer, Göran; The Modern

Экономический коридор – Бангладеш, Китай, Индия, Мьянма (БКИМ)

Форум международного сотрудничества, созданный соглашением, подписанным в августе 1999 года в г. Куньмин, столице провинции Юньнань. Декларируемые действия включают усилия по укреплению торговых, туристических, культурных и межличностных контактов в регионе, а также строительство дорог, водных путей, воздушных и телекоммуникационных сообщений, трубопроводов между г. Куньмин и Индийским г. Калькутта через территорию Бангладеш и Мьянмы (раньше Бирма). Форум является организатором конференций, семинаров, а также автомобильного ралли BCIM, который стартовал 22 февраля 2013 года из Калькутты в Куньмин по маршруту почти 3 тысяч км планируемых инвестиций.

BCIM Car Rally 2013
Institute of Chinese Studies; Bangladesh
Rupak, Bhattacharjee; The emerging

Евразийский экономический союз (ЕАЭС)

Учрежденный договором, который подписали в столице Казахстана г. Астана 29 мая 2014 года президенты России, Казахстана и Беларуси: Владимир Путин, Нурсултан Назарбаев и Александр Лукашенко. В 2015 году к нему присоединились Армения и Киргизия. В преамбуле к Договору говорится о лежащих в его основе принципах: ООН; Ассоциации свободной торговли; принципах суверенитета и равенства государств; сотрудничества между людьми, уважающих их историю, культуру и традиции; взаимной выгоды; уравновешенной и честной торговли и развития; евразийской экономической интеграции. По ходу встречи с Председателем КНР Цзиньпин Си в Кремле 8 мая 2015 года Владимир Путин сказал: «Мы считаем, что проект евразийской интеграции и проект «Экономический пояс Шелкового Пути» очень гармонично дополняют друг друга». Цзиньпин Си в ответ сказал: «Мы договорились о необходимости дальнейшего расширения нашего сотрудничества в различных практических областях. Мы будем уделять особое внимание нахождению общих позиций в развитии Китайского экономического пояса Шелкового Пути, а также деятельности России, направленной на создание транс-евразийских транспортных сообщений и интеграционного проекта евразийского экономического союза. Мы будем стремиться к большей взаимной открытости и будем координировать наши стратегии развития, а также углублять и переплетать наши интересы на благо обеих стран и народов».

Euroasian Econiomic Union
Nazemroaya, Mahdi Darius; Neither
President of Russia; Press
President of Russia; Treaty

Гани, Ашраф Ахмадзай (пашту: اشرف غني احمدزى)

Президент Исламской Республики Афганистан с 29 сентября 2014 г. Автор концепции "Azure Route" (Лазурный Путь), представленной, в частности, во время визита в Азербайджане в декабре 2014 г. По мнению Ашрафа Гани «Даст Бог, в течение трех лет с этого момента Лазурный Путь свяжет нас с европейским континентом через страны Центральной Азии и Турцию». Заргона Салехи добавляет, что дорога должна вести «через Туркменистан, Азербайджан, Грузию и Черное море». Атикулла Насрат, президент Афганской торгово-промышленной палаты определил более подробно, как будет проходить дорога: от афганского г. Герат через туркменский порт Туркменбаши на Каспийском море и далее морем в азербайджанский г. Баку. Он отметил, что дорога является хорошим способом развития региона. Цитирующий слова президента Хан Саиф Шади объясняет, что «Дорога была названа в честь драгоценного камня, найденного в Афганистане». Речь идет о лазурите (ляпис-лазурь), который уже 6 тысяч лет добывается в западном Гиндукуше, в древности он старыми путями попадал в отдаленные регионы трех континентов Старого Света. Лайлума Нури пишет, что эта дорога по-прежнему является чем-то таким, что все ещё требует реализации.

Kakar, Javed Hamim; President
Noori, Lailuma; New
Shadi, Khan Saif; Afghanistan
Salehi, Zarghona; Ghani
The Kabul Times; Azure

«Golden Eagle Luxury Trains»

Британское бюро путешествий с головным офисом в Олтрингем возле Манчестера. Уже 25 лет организует международные роскошные туристические путешествия по Европе, Азии, Африке и Северной Америке. В частности: 21-дневная поездка "Silk Road" из Москвы в Пекин через Волгоград, пустыню Каракум, Хиву, Ашхабад, Мерв, Бухару, Самарканд, Ташкент, Алма-Ату, Турфан, Дуньхуан, Сиань, совмещенная, конечно, с пребыванием и посещением мест важных для старого Шелкового Пути. Среди других поездок: Транссибирский экспресс из Москвы во Владивосток, трансмонгольский экспресс из Москвы в Улан-Батор и поезд «Персидская одиссея» Москва-Тегеран.
Golden Eagle Luxury Trains

Гжеляк, Томаш

Председатель правления «Hatrans Logistics» – лодзинской компании, которая является оператором открытого в 2013 году грузового сообщения из Лодзи в Чэнду. Михал Фронк объясняет: «Томаш Гжеляк привел к созданию первого регулярного железнодорожного грузового сообщения связи между Польшей и Китаем». Богдан Мождзинский называет это поэтически: «Китайским сном Томаша Гжеляка». О первом экспериментальном транспорте, который в новогоднюю ночь 2012 года прибыл на пограничную станцию Малашевичи, сам Томаш Гжеляк говорит: «Нам очень хотелось, чтобы он въехал в Польшу еще в 2012 году, поэтому мы в новогоднюю ночь «боролись» с бумагами. На них находилось свыше 3 тысяч печатей. Я проехал почти 100 км, перемещаясь в тот день по территории терминала и выполняя формальности.»

Frąk, Michał; Polak
Możdżyński, Bogdan; Chiński

«Hatrans Logistics Spółka z o.o.»

Предприятие в г. Лодзь, занимающееся грузовым транспортом внутри страны и международным грузовым транспортом: перевозкой, хранением, таможенным оформлением. С 2013 года является оператором регулярного еженедельного железнодорожного сообщения между г. Чэнду в Китае и г. Лодзь в Польше (см.: 1.1.2.). Как сообщает компания: «В составе каждого поезда находится 41 вагон, которые загруженны 40 контейнерами. Перевозка (…) продолжается 14 дней». В 2015 компания открыла также сообщение Лодзи с китайским г. Сямынь (см.: 1.1.3.). В ноябре 2014 г. по ходу Польско-Китайского Экономического Форума в Шанхае компания «Hatrans» подписала договор с китайской компанией «Unishunf Investments», касающийся строительства в Лодзи нового логистического центра.

Hatrans Logistics
Woźniak, Adam; Z Łódzkiego

«International Dunhuang Project»

Проект был запущен в 1994 г. "British Library": «Его цель заключалась в том, чтобы сохранить и сделать доступными для всех археологические артефакты из восточной части великих торговых путей прежней эпохи – Шелкового Пути первого тысячелетия нашей эры». В проекте участвуют учреждения из 12 стран, в частности:

Bibliothèque nationale de France, Paris,
Guimet Museum, Paris,
Research Institute of Korean Studies, Seul,
Ryukoku University, Kyoto,
The Berlin-Brandenburg Academy of Science and Humanities,

The British Library, London,
The British Museum, London,
The Dunhuang Academy, Dunhuang,
The Institute for Oriental Manuscripts, Petersburg,
The Library of the Hungarian Academy of Sciences, Budapest,
The Museum for Asian Art, Berlin,
The National Library of China, Beijing,
The Victoria & Albert Museum, London.
Arts & Humanities Research Council; The Silk
The International Dunhuang Project; The Silk

«Islamic Development Bank» (البنك الإسلامي للتنمية)

Международное финансовое учреждение местонахождением в г. Джедда, Саудовская Аравия, объединяющее 57 стран, в основном из Азии и Африки, а также Албанию из Европы и Суринам из Южной Америки. Основными акционерами являются: Саудовская Аравия, Ливия, Иран, Нигерия, Объединенные Арабские Эмираты, Катар, Египет, Кувейт, Турция. Банк «учрежден в соответствии со статьями соглашения, заключенного в городе Джедда, Королевство Саудовской Аравии, 24/7/1394(12/8/1974), подписанного и ратифицированного всеми странами-членами (…). Целью банка является содействие экономическому развитию и социальному прогрессу стран-членов и мусульманских сообществ как в отдельности, так и совместно в соответствии с принципами шариата, т. е. исламского права. Банк реализует запланированную на 2016–2020 годы программу для Центральной Азии ««Повышение конкурентоспособности в условиях роста торговли и экономического роста», Финансирует, в частности, проект Шелкового Пути в Азербайджане, целью которого является модернизация железных дорог Азербайджана, чтобы они могли служить реализации проекта TRACECA, касающегося строительства транспортного коридора между Европой и Азией через страны региона Кавказа.

Islamic Development Bank
Islamic Development Bank; Silk
Islamic Development Bank Group; Special

Коммунистическая Партия Китая (КПК) (中国共产党)

Основанная в 1921 году правящая партия в КНР с резиденцией властей в Пекине. Главные органы это: Национальный Конгресс и Центральный Комитет. в 2015 г. 87,8 млн. членов. С 2012 г. Генеральным секретарем партии является Цзиньпин Си, который с 2013 г. является также Председателем КНР. Решения партии формируют политику страны. Представитель КНР при ООН объясняет, что новые китайские инициативы «Пояс и дорога»: «Они были записаны в документах Третьего пленума 18-го Центрального Комитета КПК». Инициатива Цзиньпин Си представлялась и обсуждалась на многих партийных собраниях. В частности: 24–25 октября 2013 г. в Пекине во время конференции «Peripheral Diplomacy Work Conference», когда определялась актуальная внешняя политика партии, Цзиньпин Си тогда сказал: «Мы должны объединить усилия с соответствующими странами для ускорения инфраструктурных взаимосвязей и взаимодействия и построить «Экономический пояс Шелкового пути» и «морской Шелковый Путь 21-го века.» Официальным печатным органом является ежедневная газета "People's Daily" («Жэньминь жибао» (人民日报), которая, реализуя политику партии, создала специальную информационную платформу: «Новый Шелковый Путь» «направлен на содействие экономическому сотрудничеству, культурному обмену и дружеским отношениям между Китаем и другими странами Шелкового Пути».

Chinese Government, China Council
China Investments Research; Chinese
Mission of the People's Republic
News of The Communist Party
People's Daily; Of the

Национальная комиссия развития и реформ (НКРиР) (中华人民共和国国家发展和改革委员会)

Организация подчиненная Государственному Совету КНР с местонахождением в Пекине. С марта 2013 года возглавляется Шаоши Сюй. Одной из ее главных задач является формирование макроэкономической политики государства. 30 марта 2015 г. она опубликовала документ «Видение и действия по совместному строительству Экономического пояса Шелкового Пути и Морского Шелкового Пути 21-го века»[4], который представляет новую китайскую инициативу. В ведении читаем: «На протяжении тысячелетий дух Шелкового Пути – «мир и сотрудничество, открытость и инклюзивность, взаимное обучение и взаимная выгода» – передавался из поколения в поколение, способствовал прогрессу человеческой цивилизации и внес большой вклад в процветание и развитие стран, расположенных вдоль Шелкового Пути. Символизируя общение и сотрудничество между Востоком и Западом, дух Шелкового Пути является историческим и культурным наследием, общим для всех стран мира.»

National Development and Reform Commission[5]
NDRC; Vision

Ли, Кэцян (李克强)

В 2008–13 годах – первый вице-премьер Китайской Народной Республики, а с 15 марта 2015 года – премьер. Он посетил многие страны, в которых он пропагандировал и осуществлял политику строительства «нового коридора взаимных связей». В частности, принимал участие на «Третьем совещании глав правительств Китая и стран Центральной и Восточной Европы» в Белграде 16–17 ноября 2014 г., где он разъяснял: «Строительство китайско-европейской сухопутно-морской экспресс-линии стало важным событием для сотрудничества между Китаем и 16 странами Центральной и Восточной Европы. Удобная и эффективная сеть связи, которая охватывает Азию и Европу, всегда была мечтой стран этого региона. Как «инициативу пояса и пути» Китай предложил цели работы с другими странами для воплощения этой мечты в жизнь.» Кроме Сербии посетил также Анголу, Бельгию, Бразилию, Бруней, Чили, Эфиопию, Францию, Индию, Ирландию, Кению, Колумбию, Малайзию, Германию, Нигерию, Пакистан, Перу, Россию, Румынию, Швейцарию, Таиланд, Узбекистан, Венгрию, Великобританию, Вьетнам, Италию.

Belgrade Meeting, Belgrade

---

4 Далее упоминается как «Vision» («Видение»).
5 Далее обозначаемая аббревиатурой НКРиР (NDRC).

MacDowall, Andrew; China
Szczudlik-Tatar, Justyna; China's

Maersk (дат. A.P. Møller-Mærsk)

Одно из крупнейших предприятий грузового морского транспорта, действующее в глобальном масштабе, с головным офисом в датском Копенгагене. Лидер контейнерных перевозок. В его распоряжении находится, в частности, несколько крупных контейнеровозов класса Maersk Triple E длиной 400 м и грузоподъемностью 18 тысяч TEU. Оно подписало соглашение с китайским Qingdao Port Group по вопросу нового портового терминала в итальянском Вадо-Лигуре в Генуэзском заливе, который должен быть открыт в 2018 году. Тим Смиф из Maersk Group North Asia сказал, что это пример партнерства в рамках инициативы пояса и пути.

Maersk
Salvacion, Manny; Maersk

Проект «Mausam» («Муссон»)

Проект, который индийский министр культуры Шри Равиндра Сингх представил 20 июня 2014 года на 38 сессии Комитета Всемирного Наследия в Доха, Катар, пытаясь вписать морские пути Индийского океана в список Всемирного Наследия ЮНЕСКО. Интерес к проекту выразили послы Китая, Ирана, Катара, Мьянмы, Вьетнама и Объединенных Арабских Эмиратов. Управляющий проектом Джой Куриакозе объясняет: «на макроуровне он направлен на повторное установление связей и восстановление связей между странами мира Индийского океана, что приведет к более глубокому пониманию культурных ценностей и проблем; в то время как на микроуровне основное внимание уделяется пониманию национальных культур в их региональной морской среде». Название "mausam" (хинду मौसम) означает муссон, сезонный ветер, позволяющий вести судоходство. Цель – это воссоздание сети морских соединений, с древних времен интегрирующих Восточную Африку, Аравийский полуостров, Иран, страны Южной Азии и Юго-Восточной Азии. В этой сети Индия играла ключевую роль, поэтому некоторые считают, что это попытка восстановления Республикой Индии

ключевого места в регионе Индийского океана. Однако, как написано в
"The Hans India": «Проект "Mausam" не направлен на противодействие
китайской стратегии Шелкового Пути.» С индийской стороны в нем участвует Министерство Культуры, Национальный Музей, а также Национальный центр искусств имени Индиры Ганди. В рамках проекта проводятся
лекции, конференции, выставки и публикации.

Kuriakose, Joy; Project
Pillalamarri, Akhilesh; Project
Simply Decoded; Project
The Hans India; What

Международный коридор Север-Юг

Международное соглашение, заключенное в российском городе Санкт-Петербург 12 сентября 2000 г. Ираном, Индией и Россией для целей развития
транспортного коридора, соединяющего Индийский океан через Иран и
Россию со странами Северной Европы. К соглашению присоединились: Армения, Азербайджан, Беларусь, Болгария, Казахстан, Киргизия,
Оман, Сирия, Таджикистан, Турция, Украина. Важную роль здесь играет
и Ашхабадское соглашение с апреля 2011 года, заключенное Ираном, Ката-
ром, Оманом, Туркменистаном и Узбекистаном, к которому присоединились Казахстан и Индия. Коридор состоит из нескольких сегментов и
использует различные виды транспорта. 1. морское сообщение между портами Мумбаи в Индии и Бендер-Аббас в Иране. 2. наземные соединения
между Бендер-Аббас и портами Ирана на Каспийском море. 3. морские
сообщения между иранскими портами с российскими и казахскими портами
на Каспийском море. 4. наземные сообщения через Казахстан и Россию в
Санкт-Петербург на Балтийском море и в Северную Европу. Одной из
важных для коридора инвестиций является железнодорожное соединение
Ирана, Туркменистана и Казахстана, которое было открыто 3 декабря
2014 года. В церемонии открытия участвовали президенты двух стран: Гурбангулы Бердымухаммедов и Нурсултан Назарбаев. Железнодорожное
соединение трех стран стало возможным благодаря строительству участка
железной дороги, соединяющего Горган (перс. گرگان) в северном Иране

через Берекет в Туркменистане с Жанаозен (бывший Новый Узень) (каз. Жаңаөзен) в Казахстане.

Bi-Weekly Newsletter
Bipul, Chatterjee; Singh Surendar; An Opportunity
International North-South Transport
Railway Gazette; Iran
Talmiz, Ahmad; Who's
The Hans India; Ashgabat

New Development Bank (NDB)

Международный банк, созданный 15 июля 2014 года в Форталезе, Бразилия, соглашением заключенным между странами БРИКС, а именно: Бразилией, Россией, Индией, Китаем и Южно-Африканской Республикой. Головной офис находится в Шанхае, официальным языком является английский язык, а функцию президента исполняет Кундапур Ваман Каматх из Индии. А банк определяет свои задачи как: «мобилизация ресурсов для инфраструктурных проектов и проектов устойчивого развития в странах БРИКС и других развивающихся странах и в других развивающихся странах». Вице-президент банка Лесли Маасдорп перечисляет, что страны-учредители это: «43% населения мира и генерируют примерно 22% мирового ВВП».

Maasdorp, Leslie; What
New Development Bank; Changing

New Silk Road Company Ltd. (NSRC)

Руководит Международным финансовым центром в Дубае (Dubai International Finance Center – DIFC), который «является глобальным финансовым центром, стратегически расположенным между Востоком и Западом». Его целью является «Внесение своего вклада в репутацию Дубая как центра международного бизнеса, поддерживая международные стандарты, развивая международные отношения». Специальная свободная экономическая зона площадью 110 акров, созданная в Дубае в 2004 г. на основании федерального права Объединенных Арабских Эмиратов, которые присвоили ей собственную автономную правовую систему. На территории Центра помимо финансовых учреждений находятся роскошные магазины, рестораны, кафе, художественные галереи и гостиницы. Компании NSRC и DIFC возглавляет Иса Казем, который является также главой Дубайской фондовой биржи.

Four Seasons Hotel Dubai
New Silk Road Company Ltd.

New Silk Road Group Ltd.

Китайская компания из города Дунгуань, расположенного в устье Жемчужной Реки, впадающей в Южно-Китайское море. Основана в 2006 году. Производитель текстиля из шелка, хлопка с шелком, льна с шелком и вискозы с шелком. На 4 предприятиях работает более 600 сотрудников. Свою продукцию экспортирует на рынки 6 континентов.
New Silk Road Group

New Silk Road Institute Prague

Учреждение, созданное в сентябре 2015 г. Само о себе пишет, что его целью является

> «способствовать продвижению идей, повышающих взаимовыгодное сотрудничество между азиатскими и европейскими странами, а также поиску новых путей коммуникации и экономического сотрудничества в рамках концепции Нового Шелкового Пути. Прежде всего, Институт стремится содействовать созданию мира общения, а не мира бесцельной конфронтации».

New Silk Road Institute Prague

New Silk Road Investment

Финансовая инвестиционная компания из Сингапура. Действует с 2008 г. Компанию возглавляет Реймонд Гох. Компания сообщает: «Мы инвестируем в азиатские компании с целью достижения превосходных долгосрочных абсолютных доходностей посредством независимого инвестиционного процесса, целиком и полностью базирующего, ориентированного на прибыль». Эта компания управляет «Asia Landmark Fund LTD», который предлагает международным инвесторам при посредничестве представительства на карибских Островах Каймана.

Asia Landmark Fund LTD
New Silk Road Investment

Ни, Пэймин (倪培民)

Профессор философии Государственного Университета Гранд-Вэлли в Аллендейле, штат Мичиган, США. Автор, в частности «Основные принципы и влияние на мировой порядок Нового Шелкового Пути». Объясняет в ней философские основы китайской политики Нового Шелкового Пути, а также и то, что этот проект касается также строительства "Silk Road World Order" – «Мирового порядка шелкового пути», или более коротко "Silk World Order" – то есть нового «шелкового» порядка мира, относящегося к китайской философии Конфуция и старой традиции поднебесная ["tianxia" (天下)], то есть сообщества судьбы всего, что находится под небом.

Grand Valley State University; Peimin
Ni, Peimin; The Underlying
Shanghai Academy of Social Sciences; Professor

Парк, Кион

Архитектор, художник, теоретик, профессор кафедры Визуальных Искусств Калифорнийского Университета в Сан-Диего. Одна из его выставок – «Новый Шелковый Путь» в "Museo de Arte Contemporaneo de Castilla y León" в испанском г. Леон. С 2007 года он возглавляет исследовательский проект «Новые Шелковые Пути», посвященный изменениям, происходящим в городах и регионах Азии между Стамбулом и Токио, в частности, в отношении миграции, создания наднациональных учреждений, социальных и пространственных последствий глобализации, электронного обмена информацией. В рамках проекта были проведены три исследовательские экспедиции. Первая (июль-октябрь 2007 г.): Шанхай > Сингапур > Сеул > Токио > Гуанчжоу > Фошань > Дунгуань > Шеньчжень > Гонконг > Макао > Пекин. Вторая (декабрь 2007–январь 2008): Стамбул > Дели > Дубай. Третья (сентябрь 2008): Бухара > Самарканд > Ташкент > Алма Ата > Астана.

New Silk Roads
Redcat; Kyong

Владимир Владимирович Путин

Президент Российской Федерации в 1999–2008 годах и в настоящее время с 7 мая 2012 г. Реализует проект Евразийского Экономического Союза (ЕАЭС). В казахском городе Астана 29 мая 2014 г., вместе с президентом Казахстана Нурсултаном Назарбаевым и президентом Беларуси Александром Лукашенко, подписывая договор о создании союза (к которому в 2015 г. присоединились также Армения и Киргизия), сказал: «Наше географическое положение позволяет создавать маршруты транспортировки и логистики не только регионального, но и глобального значения, и привлекать крупную торговлю из Европы и Азии». В Кремле 8 мая 2015 года во время встречи с Цзиньпин Си Владимир Путин заявил: «Мы считаем, что проект евразийской интеграции и проект «Экономический пояс Шелкового Пути» очень гармонично дополняют друг друга». 26 сентября 2015 года в Нью-Йорке в выступлении на Генеральной Ассамблее ООН он представил концепцию «интеграции интеграций», указав на возможность кооперации не только между ЕАЭС и новой китайской инициативой, но также на возможность сотрудничества между ЕАЭС и Европейским Союзом. В частности, он говорил о российских планах «объединить Евразийский экономический союз и китайскую инициативу экономического пояса Шелкового Пути».

President of Russia; Press
President of Russia; Treaty
Putin, Wladymir; U.N.
Putin, Wladymir; Press
Starr, S. Frederick; Svante E. Cornell (ed.); Putin's
The Voice of Russia; Russian
Zhao, Minghao; China's

Рихтгофен, Фердинанд фон

Профессор геологии в Берлинском Университете (родился в 1833 г. умер в 1905). В 1860–1872 годах путешествовал и занимался исследованием Восточной Азии, в том числе, Китая. Он считается лицом, которое впервые использовало термин «Шелковый Путь» по отношению к контактам между Китаем и Западом. Даниэль Вог объясняет в журнале «Шелковый Путь», что уже в самом названии работы „Über die zentralasiatischen Seiden-strassen bis zum 2. Jh. n. Chr." опубликованной в Берлине в 1877 г. появляется немецкое слово „Seiden-strasse" от римского термина „serica", обозначающего страну происхождения шелка, т.е. Китай.

Waugh, Daniel; Richthofen's

Silk Road Cultural Journey

19 сентября 2014 года в г. Цзинъян в провинции Шэньси в Центральной части Китая состоялась особая церемония, организованная местными властями и местным чайным предприятием. Караван 136 двугорбых верблюдов (бактрианов) и более 100 путешественников, одетых в древние костюмы, отправился с грузом чая по Шелковому Пути в Казахстан, в который он должен был добраться через год. К сожалению, мне не удалось найти информацию о завершении путешествия, поэтому я полагаю, что караван по пути пропал с грузом, что, наверное, на Шелковом Пути произошло не впервые.

China Daily; Silk

Silk Road Film Festival

Проводится с 2014 г. в марте в ирландском г. Дублин. Организаторы – это: Карла Муни, Стейнар Оли Йонссон и Делвин Муни. Они пишут о себе: небольшая группа волонтеров и энтузиастов, а о фестивале: «Празднование кино, культуры и искусства, представление фильмов из стран, которые когда-то были частью исторической сети древних торговых путей Шелкового Пути». Показы фильмов сопровождаются дискуссиями и семинарами. Фестиваль получает поддержку частных спонсоров и правительства Ирландии.

Silk Road Film Festival

Silk Road Found

Учреждение было зарегистрировано 29 декабря 2014 г. в Пекине, его возглавляет председатель Цзинь Ци. Назначенное для управления фондом 40 млрд. долларов США, которые КНР планирует выделить на реализацию «Экономического пояса Шелкового Пути» и «Морского Шелкового Пути 21-го века». Цзиньпин Си сказал о фонде, что помимо инвестирования собственных средств, он будет стимулировать инвесторов из Азии и других регионов мира активно участвовать в его проектах. Это, в частности, финансирование строительства китайско-пакистанского экономического коридора, который соединит пакистанский порт Гвадар с Синьцзян-Уйгурским автономным районом в Китае.

Consortium Chemico
Silk Road Found
Xinhuanet; Silk

Silk Road Foundation (США)

Некоммерческая организация с местонахождением в г. Саратога, штат Калифорния, США. Определяет себя как «мост для культурного обмена и признания между культурами Востока и Запада». Основанная в 1996 г. для того, чтобы «содействовать изучению и сохранению культур и искусства внутри Азии на Шелковом Пути. (…) работает за счет частного финансирования и пожертвований». Также ведет в интернете информационную платформу, касающуюся научных исследований Шелкового Пути. Издает журнал «The Silk Road».

Silk Road Foundation (USA)
The Silk Road, vol. 13, 2015

Silk Road Foundation (Корея)

Организация основанная в 2005 г. в Сеуле (Южная Корея), которая сообщает, что «является некоммерческой организацией, которая была создана с целью практиковать взаимный обмен и культурную коммуникацию для Нового Шелкового Пути в XXI веке среди стран Евразии, Центральной Азии и Восточной Азии. Фонд стремится поддерживать социальные, экономические и культурные связи между разбросанными странами региона Шелкового Пути в целях поддержания отношений сотрудничества». Председатель фонда Ким Вон-хо сказал «Старый Шелковый путь связал Восток, чтобы облегчить торговлю и обмен культурами и новыми идеями. Мы хотим помочь создать новый Шелковый Путь, который соединит людей из разных стран». Фонд поддерживает организацию встреч, конференций, проектов. Присутствующий на встрече фонда в Сеуле 23 сентября 2008 года посол Турции в Южной Корее Дениз Озмен заявил, что Новый Шелковый Путь может способствовать экономическому развитию, а Турция находится на его другом конце.

Kim, Se-jeong; S. Korea
Silk Road Foundation (Korea)

Silk Road Gold Found

Фонд учрежден в мае 2015 г. Shanghai Gold Exchange. Главными учредителями являются две крупнейшие китайские компании, занимающиеся добычей золота: Shandong Gold Group (35% долей) и Shaanxi Gold Group (25% долей). Сишэн Тан, представитель компании «The Industrial Fund Management» сказал, что «фонд будет инвестировать в добычу золота в странах, расположенных вдоль Шелкового Пути». Согласно агентству «Xinhua» фонд должен сделать возможной покупку золота центральными банками стран Нового Шелкового Пути, чтобы они могли наращивать свои запасы золота. Биржа «Shanghai Gold Exchange» была создана в 2002 г. Национальным Банком Китая для регулировки торговли благородными металлами. Екатерина Блинова считает, что как Шанхайская биржа золота, так и создаваемые ею фонды и другие решения служат созданию нового пост-долларового мирового монетарного порядка, а также сопряжению китайской валюты юаня с золотом.

Blinova, Ekaterina; Gold
Engdahl, F. William; China
Xinhua, China

Silk Road Group (SRG)

Частная инвестиционная компания, действующая с 1990 года местонахождением в г. Тбилиси, Грузия. Компания сообщает: «С момента своего создания Группа Шелкового Пути пользуется устойчивым ростом за счет активизации традиционных торговых путей, которые были забыты в течение десятилетий. (…) Компания начала свою деятельность с перевозок и торговли товарами в регионах Центральной Азии и Кавказа, и зарекомендовала себя как лидер в области железнодорожных перевозок наливных грузов и сухогрузов.» В 2000 году группа создала «Commercial Bank Silk Road», который в 2015 году был преобразован в «Silk Road Bank». Вторым предприятием группы является «Silknet» – оператор интернета, а также телефонной и телевизионной сетей.

Silk Road Group
Silk Road Group; Transportation

Silk Road Railway

30-дневная экскурсия на поезде, организованная туристическим бюро «Sundowners Overland» из Мельбурна в Австралии: «Из Стамбула – ворота на восток, сначала в Иран, который удивит и вознаградит каждого посетителя своим теплым приемом и невероятными памятниками, и архитектурой Исфахана, а затем через пустыню Каракум и Туркменистан в легендарные города Шелкового Пути – Самарканд и Бухару. Наконец, через горы Тянь-Шаня до оазисов пустыни Такла-Макан в Китае и в восточную конечную остановку великого шелкового пути – г. Сиань (древний Чанъан), сверкающую столицу древнего Китая, и в Пекин, столицу современного Китая».

Silk Road Railway
Sundowners Overland; Sharing

Silk Road Reporters

Независимое информационное агентство с местонахождением в Вашингтоне, основанное 1 января 2014 года. Публикует в интернете политическую, экономическую и социальную информацию, касающуюся Центральной Азии. Оно заявляет, что его целью является предоставление отчетов и анализов, посвященных Центральной Азии. Пользуется услугами независимых корреспондентов из Центральной Азии и стран региона Кавказа.

Silk Road Reporters

Silk Road Treasure Tours

Туристическое агентство с местонахождением в Честер (Нью-Джерси, США), учредительницей и главным менеджером которого является Зулия Раджабова. Специализируется на организации экскурсий по Шелковому Пути в Центральную Азию, регионы Кавказа, Монголии и Китая. Одна из них это «Настоящее, запоминающееся на всю жизнь путешествие по Шелковому Пути. Продолжительность этой поездки 34 дня стоимостью от 17,600 $ с человека». В программе поездки находятся, в частности: турецкий г. Стамбул, туркменские города Ашхабад, Мары (Мерв), узбекские города Бухара, Самарканд, Хива, Ташкент, Киргизия: г. Бишкек, село Кочкор, озеро Сонг Куль, караван-сарай Таш-Рабат, перевал Торугарт и китайские города: Кашгар, Хотан, Урумчи, Турфан, Дуньхуан, Ланьчжоу, Сиань, Пекин.

Silk Road Treasure Tours

Silk Route Rail

Компания из Гонконга во главе с Дэрилом Хаддавэй, предлагающая грузовые железнодорожные сообщения трех китайских городов: Чунчин, Чэнду и Ухань с 16 городами Азии и Европы: Москва/Алма Ата (4–9 дней), Варшава, Прага, Будапешт (10–14 дней), Гамбург/Дуйсбург/Вена (11–15 дней), Антверпен/Роттердам/Копенгаген (12–16 дней), Париж/Лондон (13–17 дней) и Базель/Милан/Рим/Стамбул (14–18 дней). Компания заявляет, что ее целью является объединение обществ, расположенных на «Экономическом поясе Шелкового Пути».

Silk Route Rail
The Emergence of The Silk

Шанхайская Организация Сотрудничества (ШОС)

Основанная 15 июня 2001 г. в Шанхае объединяет Китай, Индию, Казахстан, Киргизию, Пакистан, Россию, Таджикистан и Узбекистан. Статус наблюдателей имеют: Афганистан, Беларусь, Иран и Монголия. Штаб-квартира находится в Пекине. Элеонор Альберт пишет, что первоначально организация занималась построением взаимного доверия и демилитаризацией границ, а в настоящее время: «интенсифицирует свои усилия на региональных экономических инициативах, таких как недавно объявленная интеграция возглавляемого Китаем Экономического пояса Шелкового Пути и возглавляемого Россией Евразийского экономического союза».

Albert, Eleanor; The Shanghai
Shanghai Cooperation Organization

Шеварднадзе, Эдуард (груз. ედუარდ შევარდნაძე, Эдуа́рд Амбро́сис дзе Шеварднáдзе)

Грузинский политик, министр иностранных дел СССР со времен Михаила Горбачева, президент Грузии в 1995–2003 годах, умер в 2014 году. После распада СССР развивал концепцию «Great Silk Road – Великого Шелкового Пути» в качестве новой формулы развития для стран, возникших после распада СССР, в которой Грузия должна была играть ключевую роль. Изначально это было связано с планами строительства трубопроводов, по которым газ и нефть из каспийского региона должны были поставляться в Турцию и Европу. Позже он развивал свою концепцию так, что она приобретала более широкий экономический и политический размер. По ходу встречи с председателем концерна «Daimler Chrysler» Клаусом Майером 16 сентября 2003 года., рассказывая о восстановлении «Great Silk Road», он заявил: «Наша мечта сбылась» и указывал на региональное сотрудничество, а также заинтересованность США, Японии и европейских стран. Ирен Ченг пишет, что для Эдуарда Шеварднадзе Великий Шелковый Путь обладал не только экономической ценностью, но и являлся также «путем толерантности».

Azerbaijan State News Agency; Eduard
Cheng, Irene; The New
Gegeshidze, Archil; The New
Partridge, Ben; Georgia

The Guangdong Maritime Silk Road Museum (海上丝绸之路博物馆)

Музей на острове Хайлиндао в китайском городе Янцзян на побережье Южно-Китайского моря. Открыт 24 декабря 2009 года. Площадь почти 20 тысяч м^2 предназначена для около 300 тысяч экспонатов, доступных для туристов и исследователей: «Музей посвящен китайской истории океанской цивилизации и морской торговли». Главным экспонатом является «Наньхай-1»- остов деревянного торгового судна, которое плавало по морскому Шелковому Пути в период династии Сун (1127–1279). Сохраненное в хорошем состоянии судно длиной 24,6 м и шириной 9,8 м было обнаружено в 1987 г. в море недалеко от музея. Вероятно на нем находилось около 70 тысяч предметов, прежде всего, предназначенного на экспорт фарфора.

China Heritage Newsletter; China
Travel China Guide; Guangdong
UNESCO; Maritime
UNESCO; The UNESCO Silk

The Silk Road International Arts Festival

Фестиваль культурных событий в г. Сиань, организованный Департаментом культуры провинции Шэньси. 7 сентября 2015 г. проходил 1 фестиваль, а 12 сентября 2016 г. – 2 фестиваль. Станция «CC.TV» сообщает: «Столица Китая династии Тан, Чанъань, известная сегодня как Сиань, была славно обогащена древним Шелковым Путем, что сделало ее подходящим местом для второго Международного фестиваля искусств Шелкового Пути».

CC.TV; Silk

China Daily; Opening
The Silk Road International

Транспортный коридор Европа-Кавказ-Азия (TRACECA)

Программа международного сотрудничества, созданная при поддержке
Европейского союза на конференции в Брюсселе в мае 1993 года мини-
страми торговли и транспорта Армении, Азербайджана, Грузии, Казахстана, Киргизии, Туркменистана и Узбекистана, целью которой является
развитие транспортного коридора, соединяющего Европу и Центральную
Азию через Черное море, регион Кавказа и Каспийское море. К программе
присоединились: Украина, Монголия, Молдова (1996–1998 годы), Болгария, Румыния, Турция (2000 год), Иран и Литва (2009 год). 8 сентября
1998 года в Баку состоялась одна из многочисленных конференций этой
программы: «TRACECA – Восстановление исторического Шелкового
Пути». В конференции участвовали президенты Азербайджана, Болгарии,
Грузии, Киргизии, Молдавии, Румынии, Турции, Украины, Узбекистана,
эксперты из 32 стран и представители 12 международных организаций.
Результатом этой конференции является «Базовое многостороннее соглашение о международном транспорте для развития коридора Европа-Кавказ-Азия». Соглашение касается сотрудничества в области железных дорог,
автомагистралей, телекоммуникации и трубопроводов. Постоянный секре-
тариат Программы находится в Баку. Сегодня Организация на своем сайте
представляется как: «TRACECA – Шелковый Путь 21 века».”

Partridge, Ben; Georgia
TRACECA

UNCTAD

United Nations Conference on Trade and Development, то есть Конференция Организации Объединенных Наций по торговле и развитию, основанная государствами-членами ООН в 1964 году со штаб-квартирой в
Женеве. Среди своих действий для целей экономического развития развивающихся стран и их интеграции с мировой экономикой она ведет собственную программу Нового Шелкового Пути. В частности, она опубликовала

Путеводитель Инвестирования в Шелковый Путь, который касается пяти стран Центральной Азии (Казахстан, Киргизия, Таджикистан, Туркменистан, Узбекистан) и четырех западных провинций Китая (Ганьсу, Нинся, Шэньси, Синьцзян), и в котором обсуждаются возможности их развития в области туризма, энергетики, горнодобывающей промышленности, транспорта, сельского хозяйства, машиностроения и информатики.

UNCTAD;
UNCTAD; Investment

UNESCO Silk Road

Программа Организации Объединенных Наций по вопросам образования, науки и культуры была начата в 1988 году с целью «Содействовать продвижению, взаимопониманию, межкультурному диалогу, примирению и сотрудничеству между народами и людьми, разделяющими общее наследие Шелкового Пути». Включает: полевые исследования, ведение архивов, симпозиумы, выставки, публикации. В ней участвует более 55 стран при особой поддержке Казахстана и Германии. В рамках программы ведется также информационная платформа в интернете: «The UNESCO Silk Road Online Platform», где читаем: «Исторические Шелковые Пути представляли собой сеть торговых путей (...), вдоль которых люди разных культур, религий и языков встречались, обменивались идеями и влияли друг на друга. Именно эту уникальную историю взаимного обмена и диалога стремится продвигать онлайн-платформа Шелкового Пути в соответствии с Международным десятилетием сближения культур 2013–2022 годов и в рамках стремления ЮНЕСКО создать культуру мира.»

UNESCO; Reviving
UNESCO; The UNESCO Silk

Си, Цзиньпин (习近平)

С 15 ноября 2012 года Генеральный секретарь Коммунистической партии Китая, а с 14 марта 2013 года председатель Китайской Народной Республики. Надежда Роллан отмечает, что главная цель его политики «заключается в том, чтобы восстановить величину и влияние Китая до девятнадцатого века, чтобы сделать его «процветающей, сильной, культурно развитой и гармоничной страной». В г. Астана 7 сентября 2013 г. во время своего визита в Казахстане представил проект «Экономического пояса Шелкового Пути», а в октябре этого года в Индонезии представил очередной проект «Морского Шелкового Пути21века». Первый проект касается сообщения и континентального сотрудничества, а второй – сообщения и морского сотрудничества. С самого начала оба проекта, к которым осуществляется комплементарный подход, определяются одним выражением: «One Belt, One Road» (Один пояс, один путь) (OBOR, 一带一路) или «пояс и путь». Марцин Качмарски отмечает, что «концепция пути – это личный проект нового лидера Цзиньпин Си». Выступая 7 сентября 2013 года в Казахском г. Астана в Университете им. Назарбаева сказал: «Для налаживания более тесных экономических связей, углубления сотрудничества и расширения развития в евроазиатском регионе необходимо применять инновационный подход и совместно строить «Экономический пояс» вдоль Шелкового Пути. Это будет большое дело на благо народов всех стран, расположенных вдоль пути.» Выступая 2 октября 2013 года в городе Джакарта в индонезийском парламенте перечислял основные положения предлагаемой Китаем новой политики:

1. строить доверительные и развивать добрососедские отношения,
2. работать для взаимовыгодного сотрудничества,
3. держаться вместе и помогать друг другу,
4. укреплять взаимопонимание и дружбу,
5. придерживаться открытости и инклюзивности.

Kaczmarski, Marcin; Nowy
Ministry of Foreign Affairs of the People's Republic of China; President
Rolland, Nadège; China's
Xi, Jinping; Silk
Xi, Jinping; Speech by Chinese President
Zhao, Minghao; China's

Язици, Хаяти

Министр торговли и таможни Турции. Владимир Федоренко признает его автором проекта турецкого Шелкового Пути, представленного в 2008 году в турецкой Анталии во время «Международного форума о роли таможенного администрирования в содействии и продвижении торговли между странами Шелкового Пути», где представители 17 стран обсуждали упрощение пограничных процедур, направленных на облегчение торгового обмена. В совещании приняли участие представители Азербайджана, Китая, Грузии, Индии, Ирана, Ирака, Казахстана, Киргизии, Монголии, России, Сирии, Таджикистана, Турции и Узбекистана. Результатом форума была «Анталь-ская декларация», которая стала основой для дальнейшего международного сотрудничества. Турецкий проект, именуемый как «Инициатива по таможенному сотрудничеству на Шелковом Пути», стал основой принятого на следующем форуме в Баку в 2009 году проекта «Караван-сарай» по созданию пунктов обслуживания пограничного обмена.

Fedorenko, Vladymir; The New
Yazıcı, Hayati; Turkey

Цепп-Ларуш, Хельга

Немецкий политический деятель, основатель Института Шиллера (Вашингтон, США), которым она руководит. Автор развиваемой с начала 90-х годов концепции «Мировой наземный мост», которую она представляла на различных встречах, в том числе, в Пекине 7–9 мая 1996 г. и 29 сентября 2015 г. в Народном Университете Китая, и в различных публикациях. Это концепция строительства коммуникационной инфраструктуры и, благодаря этому, экономических, политических и культурных связей между обществами для мира и благосостояния человечества. Хельга Цепп-Ларуш признала новый китайский проект реализацией своей концепции. Отсюда и название работы под ее совместным редактированием: «Новый Шелковый Путь становится мировым наземным мостом». Ее можно рассматривать пионером мышления о строительстве коммуникационной инфраструктуры как одной из форм развития международного сотрудничества в интересах мира и благосостояния. Она признает новый китайский проект «новой моделью сотрудничества между народами мира».

Douglas, Rachel; Michael Billington; Helga Zepp-Larouche; The New
Jones, William; Zepp-LaRouche
The International Schiller Institute; Build
The World Land Bridge
Zepp-LaRouche, Helga; The New Silk Road Will

Часть 3. Значения и ценности

Афроевразия[6]

В документе «Vision» Комиссии национального развития и реформ КНР читаем о «торговых путях и культурном обмене, которые соединяли основные цивилизации Азии, Европы и Африки, совместно называемых будущими поколениями Шелковым Путем». Тереза Фэллон, как и многие другие, свой текст о Новом Шелковом Пути иллюстрирует картой 3 континентов, заимствованной от китайского агентства «Xinhua». Джастин Ифу Линь представленную в китайском документе концепцию определяет как «Один пояс, один путь, один континент». Термин Афроевразия появляется во многих работах как определение географического пространства Нового Шелкового Пути, например, у Пола Кильстра. Он также используется исследователями старого Шелкового Пути, чтобы подчеркнуть единство коммуникационной сети, которая объединяет отдаленные регионы трех континентов Старого Света.

Andrea, Alfred J.; Scott C. Levi; The Silk
Fallon, Theresa; The New
Kielstra, Paul; The New
Lin, Yustin Yifu; Industry
NDRC; Vision

Азия

«Asian Development Bank», который под лозунгом «Новый шелковый путь» финансирует многие проекты, пишет о себе «азиатский характер». В свою очередь, для финансовой компании "New Silk Road Investment", Азия и «азиатскость» становятся экономическими ценностями в принятой

---

6 Некоторые фрагменты, значения, ценности появляются часто и во многих местах, когда говорится о Новом Шелковом Пути. Другие реже. Поэтому представленные здесь заглавные слова отличаются величиной. Более подробно рассматриваются эти доминирующие слова в выступлениях, документах, объявлениях, комментариях.

инвестиционной стратегии: «Мы инвестируем в азиатские компании для получения долгосрочной прибыли».

Asian Development Bank
Asia Landmark Fund LTD

Безопасность

Часто говорят о безопасности. Мингжао Чжао пишет, что OBOR будет способствовать развитию сотрудничества КНР и Европейского Союза в обеспечении безопасности мореплавания и защиты от пиратов: «Работая вместе со своими европейскими коллегами, китайские военно-морские силы сопроводили более 5500 коммерческих судов через кишащие пиратами воды Аденского залива». Юстина Щудлик-Татар отмечает, что безопасность судоходства через Малаккский пролив, которому угрожают нападения пиратов, является одной из причин китайской инициативы Нового Шелкового Пути. В свою очередь Камилла Бругье пишет, что эта инициатива должна обеспечить Китаю энергетическую безопасность путем предоставления доступа к нефтяным и газовым месторождениям в различных регионах Азии и мира. А для Хивэй Ванга весь проект OBOR нацелен на «построение общности интересов и безопасности между Китаем и его соседями, включая как США, так и Японию».

Brugier, Camille; China's, 3
Szczudlik-Tatar, Justyna; China's, 4
Wang, Yiwei; How, 7
Zhao, Minghao; China's,. 10

Ворота

Многие места представляют собой ворота во многие другие места.

Лиз Олдермэн пишет о порту Пирей, что он стал китайскими воротами в Европу. Для Богдана Можджиньского воротами в Европу являются г. Лодзь и его железнодорожная станция. А Президент Беларуси Александр Лукашенко на встрече с Цзиньпин Си в Ташкенте на саммите Шанхайской организации сотрудничества 24 июня 2016 года о своей стране для агентства БЕЛТА сказал:

«Мы готовы стать «западными воротами» для этой организации». Для Аедана Ашебира из Фонда SACE благодаря OBOR Кения и ее столица Найроби становятся «воротами Африки для бизнеса, инвестиций и торговли». Быть воротами означает здесь возможность экономической выгоды от посредничества в товарообороте, а также повышение престижа, важности, значения данного места или даже страны в международных контактах на карте Нового Шелкового Мира.

Alderman, Liz; Port
Możdżyński, Bogdan; Chiński
SACE Foundation
БЕЛТА; Belarus

Китай

Юстина Щудлик-Татар, когда пишет о Новом Шелковом Пути, обращает внимание на «Китайскую мечту». Таким образом, ссылается на слова Цзиньпин Си: «Возрождение китайской нации является крупнейшей китайской мечтой» из выступления на 1 сессии 12 Всекитайского собрания народных представителей 17 марта 2013 года в Пекине. Председатель также добавил, что реализуя эту мечту, Китай должен действовать по-своему. Китайская инициатива обновления Шелкового Пути была бы здесь способом реализации «китайской мечты» и в то же время отвечала бы требованиям реализации этой мечты по-китайски. Агентство «Xinhuanet» объясняет, что эта мечта означает построение развивающейся и сильной страны, возрождение нации и благосостояние людей. Сильный и богатый Китай был бы здесь ценностью, реализации которой должен служить Новый Шелковый Путь. Ценностью здесь была бы специфическая «китайскость», которую должен реализовать особый китайский характер инициативы «Новый Шелковый Путь», о чем пишет Юрий Кулинцев.

Szczudlik-Tatar, Justyna; China's
Xi, Jinping; Speech at the closing
Xinhuanet; Xi Jinping
Кулинцев, Юрий; Один

Время

Время в дороге имеет ценность и значение так же на новых Шелковых Путях. Поэтому Томас Пульс вычисляет и сравнивает время грузового транспорта между Европой и Китаем: 1–3 дня для воздушного транспорта, 19–23 дня железной дорогой, 30–36 дней морским путем. Конечно, в этом случае чем быстрее, тем лучше, но и дороже, так как железнодорожный транспорт оказывается дороже морского в 5 раз, а воздушный – в 11 раз.
Puls, Thomas; China's

Диалог

О диалоге говорится во многих местах. На веб-сайте ЮНЕСКО «Silk Road» говорится о старом Шелковом Пути, что это история «истории взаимного обмена и диалога». В ключевом документе «Vision» Национальной комиссии развития и реформ оказывается, что представленный в нем проект Нового Шелкового Пути направлен на «поддержание диалога между различными цивилизациями на основе принципов поиска общей позиции, сохраняя различия и используя сильные стороны друг друга, чтобы все страны могли сосуществовать в мире для общего процветания». Но уже, например, Ахмад Талмиз, индийский дипломат пишет, что в отношении новой китайской инициативы: «Официально Индия сосредоточила внимание на отсутствии консультаций с китайской стороны» и указывает на речь министра иностранных дел Индии Сушмы Сварай от 2.03.2015 г. в Нью-Дели.

NDRC; Vision
Talmiz, Ahmed; Who
UNESCO; The UNESCO Silk

Благосостояние

О благосостоянии всех стран, вовлеченных в проект Нового Шелкового Пути, говорится в документе «Vision» Комиссии национального развития и реформ КНР. Йерен ван дер Леер и Джошуа Яу в отчете для консалтинговой компании «PricewaterhouseCoopers» в свою очередь пишут о представленной в «Vision» инициативе новых сухопутных и морских контактов, что перед Китаем длинный и ветреный путь, прежде чем Китай «достигнет позицию, влияние и уровень процветания, которые он когда-то держал во времена древних шелковых путей». О благосостоянии в отношении китайского предложения также пишет Найк Карманы, экономист «University of Southern Californiaя» из США, но он относит благосостояние не только к Китаю или странам, вовлеченным в проект, но и ко всему миру, к которому также относится проект: «Это новый мировой порядок Китая для глобального мира и процветания». «Asian Development Bank» свою 10-летнюю программу для Центральной Азии под названием «Новый Шелковый Путь» также обосновывает благосостоянием и определяет ее как «Сотрудничество для процветания». Когда в 90-е годы XX века Хельга Цепп-Ларуш представляла свою глобальную концепцию «Мирового сухопутного моста», она также обосновывала ее благосостоянием человечества.

Asian Development Bank; The New
Kamrany, Nake M.; China's
Leer, Yeroen van der; Joshua Yau; China's
NDRC; Vision
The World Land Bridge

Дороги

Дороги могут иметь размер, значение и экономическую ценность, как в отчете экономиста Томаса Пульса, когда сравнивая время, длину дороги и стоимость грузовых перевозок между Китаем и Европой, он анализирует наземный, морской и даже воздушный транспорт. Дороги также могут иметь другие значения. Для грузинского дипломата Арчила Гегешидзе дороги Старого и Нового Шелкового Пути – «Шелковый путь является многогранной системой пространственно-временных отношений между нациями, государствами и цивилизациями, которая является результатом эволюционного процесса сотрудничества на огромном евразийском пространстве». А Ликун Джин, президент «АIIB», цитирует китайскую пословицу: «Если вы хотите развиваться, то стройте дорогу».

Gegeshidze, Archil; The New
Kunge, James; How
Puls, Thomas; China's

Энергия

Энергия – это цель многих проектов. CASA-1000 – это проект с участием Европейского Союза, реализация которого должна сделать возможной поставку в Афганистан и Пакистан энергии гидроэлектростанций Киргизии и Таджикистана. Порт Гвадар, а также реализуемый коридор, соединяющий его с Китаем, имеют целью, в частности, поставлять в Китай нефть и природный газ, минуя Малаккский Пролив, через который ведет существующая до сих пор более длинная и менее безопасная дорога. Представленная Хиллари Клинтон и американской дипломатией концепция Шелкового Пути, ориентированная на послевоенное восстановление Афганистана относилась, в частности, к проекту ТАПИ – газопровода, по которому туркменский газ должен поступать в Афганистан, Пакистан и Индию. Энергия и ее ресурсы здесь имеют экономическую ценность. Имеют также – в случае Китая – значение национальной безопасности. Могут также иметь политическое или социальное значение, когда проекты ориентированы на повышение уровня жизни или строительство мирных международных отношений, как в случае проектов, поддерживаемых Европейским Союзом или США.

Fedorenko, Vladimir; The New
Raza, Syed Irfan; China
U.S. Department of State; New

Евразия

Термин Евразия в названии Евразийского экономического союза относится к России и другим странам, которые когда-то образовывали Советский Союз. Евразийская интеграция является одним из основополагающих принципов Договора ЕЭС В «Vision» китайской Национальной комиссии развития и реформ он относится к обоим, а в действительности к одному географическому континенту. Он появляется в текстах о старом и Новом

Шелковом Пути. Тереза Фэллон пишет о «Великой стратегии для Евразии» Цзиньпин Си. Когда Збигнев Бжезиньский пишет: «Евразия – это осевой суперконтинент в мире», этот термин означает ключевую область для всего мира, и автор перечисляет: 75% населения мира, 75% его энергетических ресурсов, 60% глобального продукта. Это касается концепции Халфорда Джона Макиндера, развиваемой другими, согласно которой Евразия, а точнее по-разному понимаемая центральная ее часть, имеет ключевое значение для мира и его истории.

Brzeziński, Zbigniew; A Geostrategy
Fallon, Theresa; The New
Mackinder, Halford John; The Geographical
NDRC; Vision

Глобальность

О глобальности говорится во многих местах. Например, Центр Международных Финансов Дубая заявляет, что его целью является «Способствовать репутации Дубая как глобального бизнес-центра». Категория глобальности часто появляется в отношении китайского предложения Нового Шелкового пути. В «Vision» говорится: «Это большое дело, которое принесет пользу людям во всем мире». Надежда Роллан пишет что «Рождение трансконтинентального экономического коридора по замыслу китайских властей может изменить глобальный ландшафт, сместив акцент стратегии и коммерции на евразийскую сушу из окружающих ее вод и уменьшив значение американского военно-морского превосходства.» Йерен ван дер Леер и Джошуа Яу отмечают, что проект является результатом рсализованной Китаем с 2001 года стратегии «выйти на мировой уровень», направленной на китайские зарубежные инвестиции. Бонни Глейзер и Мелисса Мерфи добавляют, что принятый в 2006 году. Пятилетний план развития культуры отнес стратегию «go global» к культуре и предполагал ««Расширить охват китайской культуры и международное влияние». Это означает экспорт не только китайского капитала, но и идей, ценностей, стандартов. Обсуждая роль Китая в мире, Иньхон Ши утверждал, что «то, что лучше для Китая, не всегда лучше для любого другого». А Джастин Ифу Линь пояснил, что присоединение Китая к числу крупнейших экономик мира означает «больше ответственности и больше влияния на мировой арене». О новом китайском проекте Хельга Цепп-Ларуш сказала: «он не только способен объединить людей экономически, но и активизировать культурные и другие обмены между нациями, став совершенно новой концепцией порядка мирного состояния 21-го века». Махди Дариус Наземроая отмечает, что конвергенция китайского проекта Нового Шелкового Пути, российского проекта Евразийского экономического Союза, а также других концепций сотрудничающих стран – это появление нового «Шелкового Мирового Порядка». Матиас Мертенс констатирует, что «разговоры о Новом Шелковом Пути можно услышать во всех уголках мира». Но давайте добавим: не везде говорят то же самое.

Cohen, David; China's
Glaser, Bonnie S.; Melissa E. Murphy; Soft
Leer, Yeroen van der; Joshua Yau; China's
Lin, Yustin Yifu; China's
Mertens, Matthias; Along
NDRC; Vision
Nazemroaya, Mahdi Darius; The Silk
New Silk Road Company Ltd.
Outline of the National
Shi, Yinhong; The Roles
Zepp-LaRouche, Helga; The New Silk Road Will

Торговля

В «Vision» торговля появляется 37 раз. Ее планируемое развитие, помимо обмена товарами и услугами, предназначено для иностранных инвестиций, создания зон свободной торговли, финансовой интеграции, туризма, культурного обмена и международного сотрудничества. Торговля упоминается во многих других инициативах. Владимир Федоренко пишет о проекте турецкого Шелкового Пути министра торговли Хаяти Язици. Важной для ее реализации являлась встреча в Анталии в 2008 году: «Международный форум о роли таможенного администрирования в содействии и продвижении торговли между странами Шелкового Пути» В Стамбуле в 2013 году состоялся «Международный Конгресс Шелкового Пути: Новый подход к пути торговли, сотрудничества и мира» Здесь получается, что торговля служит не только сотрудничеству, но и миру. Торговля также является ключевой для российского проекта Евразийского экономического Союза, чему служит развитие транспортной инфраструктуры. Об этом говорил Владимир Путин.

Fedorenko, Vladimir; The New
INOMISC; International
NDRC; Vision
Putin, Władymir; U.N.
Yazıcı, Hayati; Turkey

Гармония

«Vision» декларирует, что целью китайской инициативы является то, чтобы люди и общества, живущие вдоль Шелкового Пути, «жили в гармонии, мире и процветании». Майкл Биллингтон и Пеймин Ни, пишущие о происхождении этой концепции гармонии, указывают на концепцию датун (大同), то есть Великой Гармонии, происходящую от Конфуция (551–479 до н.э.). Бонни Глейзер и Мелисса Мерфи сообщают, что согласно некоторым китайским аналитикам категория гармонии и другие из китайского документа являются универсальными по своему характеру и могут дополнять, а не заменять доминирующие в международной политике американские ценности. Другие китайские исследователи указывают на то, что «концепция гармоничного общества и гармоничного мира может обеспечить альтернативу западным ценностям». Авторы объясняют, что гармоничность общества и мира означает здесь, в частности, равновесие между экономическим развитием и решением проблем социального благосостояния, и они пришли к выводу, что строительство гармоничного общества может сделать такую модель «особенно привлекательной и вдохновляющей не только для китайского народа, но и для людей во всем мире». Чанпин Фан отмечает, что международная привлекательность идеи «гармоничного общества и мира» может способствовать увеличению «мягкой силы» КНР на международной арене, т.е. росту авторитета, престижа и связанных с этим возможностей глобального воздействия. Аньган Ху, профессор Университета Цинхуа считает, что китайская идея гармоничного общества

«более влиятельна и привлекательна, чем американская демократия и права
человека». Распространение гармонии в мире как «ценной идеи китайской культуры» является, в частности, целью Международного фестиваля
искусств Шелкового Пути в г. Сиань. Наконец добавим, что для Владимира
Путина китайский проект «Один пояс, одна дорога» и российский проект
Евразийского экономического союза «гармонично дополняют друг друга».

Billington, Michael; Xi
Fang, Changping; Comparison
Glaser, Bonnie S.; Melissa E. Murphy; Soft
Hu, Angang; Build
NDRC; Vision
Ni, Peimin; The Underlying
President of Russia; Press

Гегемония

Марцин Качмарски объясняет: «Согласно идее китаецентризма Китай вос-
принимает себя как единственный центральный, вышестоящий и суверен-
ный субъект, часто имеющий право определять политику расположенных
вокруг стран». Индийский дипломат Ахмад Талмиз отмечает: «Индия разделяет мнение нескольких стран Северо-Восточной и Юго-Восточной Азии
о том, что OBOR не является предприятием, основанным на широком и
существенном сотрудничестве, а фактически может быть инструментом
влияния Китая по всей Азии, а может даже гегемонии». Он добавляет, что
если первые китайские предложения «казались китаецентрическими, это
нынешние тексты китайских авторов указывают на необходимость тесного
сотрудничества государств». Петр Винницкий в подзаголовке своей работы
написал о новом китайском проекте кратко: «Путь к созданию империи».
Надежда Роллан обращает внимание на экономический аспект китайского
проекта: «более тесно интегрировать соседей Китая в китайскую экономику, объединяя их в сеть торговых связей, транспортных связей и много-
сторонних региональных институтов, в которых Китай будет находиться
в их центре, усиливая влияние Пекина на более слабые и бедные страны,
которые его окружают».

Kaczmarski, Marcin; Jedwabna

Rolland, Nadège; China's

Talmiz, Ahmad; Who's

Winnicki, Piotr; Nowy

История

Тереза Фэллон пишет об истории термина «Шелковый Путь», который использовал впервые Фердинанд фон Рихтгофен в 1877 году как «Seidenstrasse». Пишет тоже о короткой истории Нового Шелкового Пути, который сначала был концепцией США, а затем других стран и КНР. Йерен ван дер Леер и Джошуа Яу пишут о будущей истории. Этапом реализации китайской концепции должен быть 2049 год, т. е. сотая годовщина создания КНР. Мелисса Мерфи и Бонни Глейзер, ссылаясь на Юйган Ченг, пишут, что «древняя история и традиционная культура Китая рассматриваются большинством ученых как ценный источник мягкой силы для привлечения не только восточноазиатских соседей, с которыми Китай разделяет конфуцианское наследие, но и более широкого международного сообщества». А сама история Шелкового Пути тоже имеет значение и представляет совой ценность, поэтому появляется часто и в разных местах. В «Vision» говорится: «На протяжении тысячелетий дух Шелкового Пути – «мир и сотрудничество, открытость и инклюзивность, взаимное обучение и взаимная выгода»- передавался из поколения в поколение, способствовал прогрессу человеческой цивилизации». По случаю открытия тоннели Мармарай министр транспорта Турции Бинали Йылдырым сказал, что это «продолжение исторического Шелкового Пути».

В случаях, когда международное соглашение «Транспортный Коридор Европа-Кавказ-Азия» (TRACECA) определяется как «Шелковый Путь 21 века» – это ссылка на Старый Шелковый Путь и на историю. А когда туристические агентства, как, например, "Silk Road Railway", рекламируют предлагаемые собой экскурсии, они также ссылаются на древность и легендарность. История также появляется в индийском проекте «Mausam» («Муссон»), о котором Ахилеш Пиллаламарри пишет: «Индия использует свою историю, культуру и географию, чтобы конкурировать с "Морским Шелковым Путем Китая'"». В Договоре Евразийского экономического союза уважение к истории стран-участниц этого договора является одним из его основных декларируемых принципов.

Cheng, Yugang; Build
Daily News; Marmaray
Fallon, Theresa; The New
Glaser, Bonnie S.; Melissa E. Murphy; Soft
Leer, Yeroen van der; Joshua Yau; China's
NDRC; Vision
Pillalamarri, Akhilesh; Project
Silk Road Railway
Waugh, Daniel; Richthofen's

Инфраструктура

Майкл Биллингтон отмечает, что китайский проект Нового Шелкового Пути – «крупнейшее в истории развитие инфраструктуры в глобальном масштабе». Франсуа Годемент перечисляет, что это свыше 300 млрд. долларов США, предназначенных Китаем, и 890 млрд. долларов – предназначенных банком "China Development Bank". Инфраструктура является ключевой для многих проектов разных стран. В китайском проекте она настолько важна, что Петр Винницкий пишет, что это означает «строительство и модернизацию транспортной инфраструктуры – железнодорожной и автомобильной, сухопутных и морских портов, аэропортов, а также нефтепроводов, газопроводов и телекоммуникационных сетей». Инфраструктура важна для других проектов Шелкового Пути, хотя у них нет такого комплексного характера, как у китайского. Концепция США касается восстановления Афганистана путем строительства трубопроводов, мостов, автомагистралей, гидроэлектростанций и линий электропередач. Турецкая концепция касается развития железнодорожного и автомобильного транспорта. Индийская концепция касается строительства морских портов и автомагистралей, а концепция Грузии и других стран региона Кавказа касается развития сообщений, объединяющих железнодорожный транспорт с морским и с трубопроводами. Железнодорожные сообщения играют важную роль в российском проекте Евразийского экономического союза. Везде инфраструктура имеет также другие значения, хотя в разных проектах, странах, местах – неодинаковое: политическое, экономическое, социальное, культурное и экологическое. Созданный КНР "Silk Road Found" (фонд Шелкового Пути) планирует выделить 40 млрд. долларов США на инвестиции в инфраструктуру. Надежда Роллан называет это «китайской инфраструктурной дипломатией».

Asian Development Bank; The New
Billington, Michael; Xi
Euroasian Econiomic Union
Fedorenko, Vladimir; The New
Godement, François; Introduction
Rolland, Nadège; China's
The Hans India; What
Winnicki, Piotr; Nowy
Xinhuanet; Silk Road

Интеграция

В ходе зарубежных поездок в период 2008–2013 гг. премьер-министр КНР Кэцян Ли пропагандировал политику строительства «нового коридора взаимных связей». Поль Ванденберг и Хан Киккава анализируют экономические последствия китайского проекта как интеграцию местных предприятий в «глобальную цепочку ценностей», которая является причиной экономической выгоды. Однако в «Vision» говорится о более широкой интеграции рынков, финансов, стран. Цзиньпин Си в Университете в Астане в 2013 г. говорил, что этот проект нужен, для того чтобы между странами Шелкового Пути «сделать экономические связи теснее, взаимное сотрудничество глубже». Тим Саммерс анализирует слова председателя: «Си говорил о связи с точки зрения торговли, инвестиций, финансов и потоков туристов и студентов». Интеграция также важна для индийских концепций проекта «Mausam» («Муссон») или соединения через порты Ирана с автомагистралями Центральной Азии. В обоих случаях речь идет о коммуникационной, экономической и политической интеграции. В случае Евразийского экономического союза интеграция инфраструктуры имеет также экономический и политический характер. С тем, что индийские проекты нацелены на пользу этой страны, а российские ориентированы на интересы России. Ахмад Талмиз, индийский дипломат пишет о Китае и Индии: «Обе страны признают важность расширения связей в Азии». А Владимир Путин в 2015 году в выступлении на Генеральной Ассамблее ООН говорил о возможности и необходимости «интеграции интеграций», то есть интегрирования друг с другом интеграционных концепций разных стран. Юрий Кулинцев пишет о китайском проекте: «Это не китайское соло, а симфония заинтересованных стран». А Махди Дариус Наземроая говорит об этом несколько иначе:

«Взаимосвязанность – это название игры» и указывает на ее глобальный характер: «Они говорят о Шелковом мире, который охватывает все уголки планеты. (…) Китайцы рассматривают крупные проекты, которые помогут связать страны Латинской Америки друг с другом и с Евразией. Одним из таких предприятий является масштабный проект железной дороги, соединяющей Бразилию с тихоокеанскими портами Перу».

NDRC; Vision
Nazemroaya, Mahdi Darius; Neither
Putin, Wladymir; U.N.
Summers, Tim; What
Szczudlik-Tatar, Justyna; China's
Talmiz, Ahmad; Who's
Vandenberg, Paul; Khan Kikkawa; Global
Xi, Jinping; Speech at Nazarbayev
Кулинцев, Юрий; Один

Шелковый Путь

Высказывания о Новом Шелковом Пути часто ссылаются на Старый Шелковый Путь, а значения и ценности, передаваемые Старому Пути – переносятся на Новый Путь. Во многих высказываниях Старый Путь – это процветание, богатство Китая и многих других, участвующих в нем, отдаленных стран. Торговый обмен сопровождался культурным, а вместе с караванами перемещались религии, языки, политические идеи, художественные стили, ремесла. Владимир Федоренко добавляет: «Значение исторического Шелкового Пути заключается в его уникальном характере – никакая власть или правительство никогда не могли претендовать на монополию, связанную с созданием и контролем над Шелковым Путем». Когда Ирен Ченг пишет, что для Эдуарда Шеварднадзе Великий шелковый путь это «путь толерантности (…). Этот маршрут будет служить для передвижения людей, идей и богов», то эти слова относятся к Старому и Новому Пути. В китайском документе «Vision» с 2015 года говорится: «На протяжении тысячелетий дух Шелкового Пути -«мир и сотрудничество, открытость и инклюзивность, взаимное обучение и взаимная выгода» – передавался из поколения в поколение, способствовал развитию человеческой цивилизации и вносил большой вклад в процветание и развитие стран вдоль Шелкового Пути». Сравним это со словами Харухико Куроды с 2011 года, президента "Asian Development Bank": «Дух доверия и уверенности, который формировался на протяжении многих лет в отношениях между добрыми соседями и хорошими партнерами, привел к лучшим перспективам для всех». Ценности и значения, приписываемые старому Шелковому Пути, должны узаконить инициативу нового пути. Значимости и ценности, присваиваемые старому Пути являются актуальными в современном контексте новых инициатив. Между Старым и Новым Путем происходит странная зависимость, в которой они взаимно формируют присваиваемые им значения и ценности. Новые инициативы строятся в старые значения и ценности, а тому, что старое- придают содержания в соответствии с новыми контекстами, действиями, целями, потребностями. Туристическое агентство "Silk Road Railway" рекламирует экскурсию по достопримечательностям Шелкового Пути и его местам: сердечное гостеприимство, великолепные памятники и архитектура, легендарность, красота городов и пустыни. Менее инструментальную и более самостоятельную ценность Шелковый Путь, кажется, имеет для "Silk Road Foundation", который был создан для того, чтобы «содействовать изучению и сохранению культур и искусства внутренней Азии и Шелкового Пути».

Asian Development Bank; The New
Cheng, Irene; The New
Fedorenko, Vladimir; The New,
NDRC; Vision
Silk Road Foundation
Silk Road Railway
Waugh, Daniel C.; The Silk

Транспорт, коммуникация (общение)

Транспорт иногда означает дороги, железнодорожные, морские или воздушные сообщения. В других случаях это означает целые коридоры, которые представляют собой не только комплексы таких решений, но также включают порты, зоны свободной торговли, трубопроводы, такие как Китайско-пакистанский экономический коридор или Транспортный коридор Европа-Кавказ-Азия (TRACECA). В «Vision» говорится о коммуникации и кооперации, интеграции, консультациях между странами, участвующими в новом китайском проекте, механизмах коммуникации, которые укрепляют взаимное доверие. Здесь коммуникация является политическим диалогом, который должен иметь место между государствами, не только в виде международных договоров, но также в виде «коммуникации между политическими партиями и парламентами, а также содействия дружественному обмену между законодательными органами, основными политическими партиями и политическими организациями стран вдоль "Пояса и Пути"». В индийском проекте «Mausam», целью которого является «восстановление связей между странами Индийского океана, что приведет к более глубокому пониманию культурных ценностей и проблем» – коммуникация выходит за рамки экономики и политики и означает встречу разных культур и ее различные последствия. Для посла Грузии Арчила Гегешидзе Великий Шелковый Путь – это коммуникация, понимаемая как отношения между Востоком и Западом. Министр транспорта Турции Бинали Йылдырым добавляет: «Шелковый Путь – это не караван, а путь, соединяющий западную и восточную цивилизации друг с другом». И все же для многих, кто говорит о Новом Шелковом Пути, по-прежнему актуальным символом такой коммуникации является традиционный караван бактрианов, например, как тот, который проходил улицами города Цзинъян в провинции Шэньси в центральном Китае 19 сентября 2014 года во время фестиваля «Культурных путешествий по Шелковому Пути» ("Silk Road Cultural Journey").

Asian Development Bank; The New
China Daily; Silk
Gegeshidze, Archil; The New
Kuriakose, Joy; Project

NDRC; Vision
HKTDT Research; The Belt
Pillalamarri, Akhilesh; Project
Turksoy; The Conference

Выгоды, преимущества

О пользе участия в Новом Шелковом Пути слышно во многих местах. Айрис С. Гонзалес пишет о преимуществах, вытекающих из нового китайского проекта для Филиппин. Премьер-министр Польши Беата Шидло в Варшаве во время Международного Форума Нового Шелкового Пути и IV Польско-китайского форума регионов сказала: «Новый Шелковый Путь – это огромные возможности и экономические выгоды. Это наш общий путь к развитию». Поль Ванденберг и Хан Киккава пытаются объяснить эту магию преимуществ участников Нового Пути, используя категорию глобальной цепочки ценностей, которая связывает между собой людей, учреждения и компании с разных мест мира, позволяет получить результаты со значениями, которые невозможно получить без таких отдаленных отношений. В "Vision" о выгодах (преимуществах) говорится 13 раз. Здесь имеется ввиду взаимная выгода или преимущества всех вовлеченных сторон или даже то, что новый проект «принесет пользу людям во всем мире». Хельга Цепп-Ларуш также считает, что Новый Шелковый Путь «отвечает общим интересам человеческой цивилизации», а вторит ей Найк Камраны, который написал: «Обмен глобальным процветанием посредством взаимодействия стран Шелкового Пути».

Gonzales, Iris C.; Philippines
Kamrany, Nake M.; China's
NDRC; Vision
Vandenberg, Paul; Khan Kikkawa; Global
WPolityce.Pl; Premier
Zepp-LaRouche, Helga; The New Silk Road Will

Культура

Бонни Глейзер и Мелисса Мерфи представляют обсуждение китайских интеллектуалов и политиков, которое сопровождает рождение китайского проекта «Пути». В 1993 году Хунин Ван, глава Центрального политического исследовательского бюро КПК, написал: «если в стране есть замечательная культура и идеологическая система, другие страны будут стремиться следовать ей». Авторы объясняют, что в 1998 г. на конгрессе КПК «председатель Цзян Цзэминь объявил решение о строительстве социалистической "духовной цивилизации"», а затем «концепции национальной морали», сочетающих в себе китайские традиционные ценности и основные социалистические ценности, принятое в 2001 году. Таким способом проводилась «переоценка китайской традиционной культуры» и «реабилитация некогда очерненных традиционных школ мысли – конфуцианства, даосизма и буддизма» для «социалистической базовой системы ценностей». Год спустя Юньшань Лю писал о «силе культуры» и о «социалистической культуре с китайскими характеристиками как о мощном притяжении и вдохновении не только для китайского народа, но и для людей во всем мире». Следующий председатель КНР Цзиньтао Ху в 2007 г. заявил, что Китай должен «повышать культуру как часть «мягкой силы» нашей страны», а премьер-министр Цзябао Вэнь сказал, что «Мы должны расширять культурный обмен с другими странами. Культурный обмен – это мост, соединяющий сердца и умы людей всех стран». Однако в том же году Цзянь Ху из Шанхайской академии общественных наук обратил внимание на « Дефицит в «культурной торговле» Китая с Западом». Бонни Глейзер и Мелисса Мерфи о китайских интеллектуалах: «Они верят, что мягкая сила может обеспечить стабильную и мирную международную обстановку и способствовать признанию влияния Китая на международном уровне». Пеймінь Ни, анализируя философскую основу китайского проекта Путь, пишет о «философском понимании, которое глубоко укоренено в традиционной китайской культуре» как о «сотрудничестве и совместном процветании», а также «сообщество общей судьбы». Следовательно, китайский проект «Нового Пути» имел бы, помимо экономического и политического аспекта, культурный аспект: являлся бы реализацией постулатов развития мягкой культурной силы страны, ее международной привлекательности и культурного обмена, а также способом устранения дефицита Китая в этом обмене. Атул Анея пишет: «используя культуру, китайцы хотят донести до всего мира, что проект «Один пояс-один путь» (OBOR), поддерживаемый председателем Си Цзиньпин, является продолжением симбиотического и мирного взаимодействия Китая с Азией и Европой, которое длилось несколько тысячелетий вдоль супер-магистрали Шелкового Пути».

Aneja, Atul; China
Glaser, Bonnie S.; Melissa E. Murphy; Soft
Hu, Jian; China's
Hu, Jintao; Full
Liu, Yunshan; Hold
Ni, Peimin; Underlying
Wang, Huning; Culture
Wen, Jiabao; Our

Люди

Создание в 1988 году проекта Шелковый Путь ЮНЕСКО объясняет: «Термин «Шелковые Пути» относится к обширной сети наземных и морских торговых и коммуникационных маршрутов (…). Непрерывное движение народов и товаров по этим маршрутам привело к беспрецедентной передаче и обмену знаниями, идеями, религиями, обычаями и традициями в течение трех тысячелетий». Поэтому ЮНЕСКО и его «онлайн-платформа продолжает традицию Шелкового Пути и способствует диалогу, встречам и обмену между властями, учеными, художниками, педагогами, специалистами в области туризма, студентами и молодежью». Основан в Сеуле в 2005 году Фонд Шелкового Пути ("Silk Road Foundation") своими целями также обращается к прошлому: «Шелковый Путь был проходом и платформой, которые связывали людей в древние времена». Поэтому фонд заявляет, что он также намерен работать для контактов и общения между людьми из разных стран. Лекцию в Астане в 2013 году, в которой представлен проект Нового Пути Цзиньпин Си назвал ««Содействие дружбе между людьми и созданию лучшего будущего». «Vision» предлагает, чтобы распространять «дух дружественного сотрудничества Шелкового Пути посредством содействия широкому культурному и академическому обмену, обмену кадрами и сотрудничеству, сотрудничеству в средствах массовой информации, обмену молодежью и женщинами и услугам добровольцев». Цзиньпин Си говорит о новом проекте: ««Это будет отличное мероприятие, приносящее пользу людям всех стран вдоль пути». Хельга Цепп-Ларуш, говоря о благосостоянии и достойной жизни, отмечает: «Я думаю, что новый Шелковый Путь – это именно то, что нужно, чтобы помочь людям достичь этой цели». И она имеет ввиду также китайский проект. Майкл Биллингтон заявил, что это «проекты, приносящие пользу всему человечеству». А Юрий Кулинцевдобавляет: «Китай готов внести больший вклад в развитие всего человечества». Следовательно, человеческий аспект нового Пути должен заключаться и в человеческих контактах, на которых он основан, и в преимуществах, которые могут получить из него люди из стран, участвующих в Пути, и даже со всего мира.

Billington, Michael; Xi
NDRC; Vision
Silk Road Foundation
UNESCO; Reviving
Xi, Jinping; Speech at Nazarbayev
Xi, Jinping; Silk
Xi, Jinping; Speech by Chinese
Zepp-LaRouche, Helga; The New Silk Road Will
Кулинцев, Юрий; Один

Мягкий подход

Атул Анея пишет о мягкой силе Китая, развиваемой вдоль Шелкового Пути. Бонни Глейзер и Мелисса Мерфи ссылаются на Джосефа Найя, чтобы объяснить специфику китайского мышления о мягкой силе, которую создают идеи и ценности нравственного характера. Они также указывают на ее родословную конфуцианского характера или убеждение о превосходстве нравственной силы над физической и веру, что «царский путь [wang dao] восторжествует по пути гегемона [ba dao]». Китайская инициатива совместного восстановления старого или строительства Нового Пути вписывалась бы в «улыбку дипломатии Китая», о которой пишут, в частности, Брэд Глоссерман, а также Катажина и Мечислав Спренгель.

Aneja, Atul; China
Glaser, Bonnie S.; Melissa E. Murphy; Soft
Glosserman, Brad; China's
Nye, Joseph S.; The Rise
Sprengel, Mieczysław; Katarzyna Sprengel; Evaluation

Мост

На Шелковом Пути много мостов. Мост на пограничной реке Пяндж финансировался США, а другой мост, построенный компанией "China Road and Bridge Corporation" на Дунае в Сербии. В Калифорнии в США «"Мостом между Восточной и Западной культурами" является Фонд Шелкового Пути (Silk Road Foundation), а в Турции «Анатолия была мостом между Востоком и Западом». В Варшаве «Польша должна являться для Китая мостом в Европу», а Непал должен быть «"сухопутным мостом" между Индией и Китаем» – как пишут Прадумна Рана и Вай-Мун Чиа. В речи премьер-министра Китая Цзябао Вэнь «Культурный обмен – это мост, соединяющий сердца и умы людей всех стран», а для Хельги Цепп-Ларуш весь « Новый Шелковый Путь становится Мировым сухопутным мостом».

BBC News; US-made
Radio Warszawa; Polska
Rana, Pradumna B.; Wai-Mun Chia; The Revival
Serbia Construction; Chinese
Silk Road Foundation
The UNESCO Silk Road; Turkey
Wen, Jiabao; Our
Zepp-LaRouche, Helga; Michael Billington; Rachel Douglas; The New

Независимость

Принцип «не оказывать влияния на внутреннюю политику других стран» присутствует в китайской внешней политике, начиная с середины XX века. Из «Vision» мы узнаем, что новая инициатива соответствует пяти принципам Устава Организации Объединенных Наций, среди которых находится «взаимное невмешательство во внутренние дела друг друга».

Хельга Цепп-Ларуш, когда пишет о Новом Шелковом Пути, отмечает: «Это также означает новую модель сотрудничества между народами мира. (…) они тем не менее должны уважать различные уровни развития, историю, культуру и социальные системы и, прежде всего, уважать национальный суверенитет».

Banerjee, Dipankar; China's
NDRC; Vision
Zepp-LaRouche, Helga; The New Silk Road Will
Zepp-LaRouche, Helga; The New Silk Road leads

Ответственность

В тексте с 2012 г. Иньхон Ши писал: «У Китая не должно быть никаких сомнений, что он должен значительно увеличить свою международную ответственность». Добавил, что это «вытекает из равноправных консультаций между ним и внешним миром, а не из «диктата» или принуждения последнего; и в значительной степени соответствует увеличению его разумных международных прав и привилегий». Спустя четыре года Джастин Линь ссылается на это: «Чтобы войти в число стран мира с высоким уровнем доходов, Китай должен более эффективно использовать рынки и ресурсы, как внутри страны, так и за рубежом. И он должен взять на себя больше обязанностей, и усилить влияние на мировой арене». Китайский проект строительства Нового Шелкового Пути, или, как хотят другие, Нового Шелкового Мирового Порядка, является ответом и исполнением требований повышения международной и глобальной ответственности и возможностей, а в «Vision» говорится: «Китай стремится взять на себя больше обязанностей и обязательств в рамках своих возможностей и вносить значительный вклад в дело мира и развития человечества».

Lin, Yustin Yifu; China's
NDRC; Vision
Shi, Yinhong; The Roles
Sprengel, Mieczysław; Katarzyna Sprengel; Evaluation

Транспарентность

В «Vision» транспарентность появляется 39 раз. В начале говорится, что
на протяжении тысяч лет она характеризовала Старый Путь, в котором
участвовать могли все. Далее, что Новый Путь должен быть еще более
транспарентным: «Инициатива открыта для сотрудничества. Он охватывает, но не ограничивается пространством Древнего Шелкового Пути. Он
открыт для всех стран». Отдельная глава документа касается открытия для
мира китайских регионов, особенно центральных и западных. Речь идет
также об открытой торговле и строительстве скоростного транспортного
коридора, соединяющего Пекин с Москвой, который представляет собой
«открывающееся ключевое окно на Север». Когда Цзиньпин Си выступал в
Джакарте в 2013 году, он упомянул транспарентность пяти основных принципов китайского предложения. Генеральный консул Китая в Санкт-Петер-
бургеЯньчи Цзиобъясняет: «мы всегда готовы работать со всеми странами
нашей планеты и с нашими американскими партнерами». Майкл Биллингтон пишет об огромном инфраструктурном проекте, полезном для всего
человечества, который является предложением сотрудничества для всех.
Джастин Ифу Линь пишет о связанной с проектом Пути индустриализации
Африки и отмечает, что она также «хороша для всех». И Ван добавляет,
что «OBOR основан на «открытом сотрудничестве» (开放合作, kaifang
hezuo)», в отличие от американского Плана Маршалла, с которым некоторые люди его сравнивают. В свою очередь, когда Марцин Качмарски
пишет: «Этот план «обречен на успех», прежде всего из-за неопределен-
ности его целей и транспарентного характера, речь идет о том, что план
является эластичным и открытым для новых инициатив.

Billington, Michael; Xi
HKTDC; What
Kaczmarski, Marcin; Nowy
Lin, Yustin Yifu; Industry
Ministry of Foreign Affairs; Foreign Minister
NDRC; Vision
Цзи, Яньчи, Это

Партнерство

В «The New Silk Road» "Asian Development Bank" говорится о том, что «хорошие соседи и хорошие партнеры привели к лучшим перспективам для всех». В свою очередь, в «Vision» говорится о том, что «проект устанавливает и укрепляет партнерство между странами» Нового Пути. Когда Юрий Тавровскийпишет, что формируемый проектом новый мировой порядок имеет характер «не вертикальный, а горизонтальный», то, как отмечает Пейминь Ни, речь идет о том, что он основан не на лидерстве, а на партнерстве.

Asian Development Bank; The New
NDRC; Vision
Ni, Peimin; The Underlying
Тавровский, Юрий; Новые

Деньги

Деньги упоминаются при сравнении затрат, например, когда Томас Пульс подсчитывает, что железнодорожный транспорт дороже в 5 раз, чем морской транспорт, а в воздушный – в 11 раз. Франсуа Годемент перечисляет, что Китай намерен израсходовать на проект до 300 миллиардов долларов, независимо от 890 миллиардов долларов, планируемых "China Development Bank". Деньги появляются в описании различных учреждений, а лидером является Фонд Шелкового Пути (Silk Road Found) и 40 миллиардов долларов США. Деньги появляются или подразумеваются, когда политики, бизнесмены, журналисты или эксперты говорят о финансовых выгодах, как в названии: «Шелковый Путь». Эксперты: Польша может хорошо заработать на этом». В свою очередь, Джун Ченг из "Bank of China"в разговоре с Жилли Райтом отмечает, что Новый Путь будет «платформой для международного использования юаня» в результате использования этой валюты на разных участках Пути, а с октября 2016 года она становится официальной валютой Международного Валютного Фонда.

Godement, François; Introduction
Polskie Radio.pl; Jedwabny
Puls, Thomas; China's

Wright, Gilly; New Silk
Xinhuanet; Silk

Мир

В 2011 году, представляя программу для центральной Азии, Азиатский Банк Развития (Asian Development Bank) пишет о «духе безопасности и доверия». В 2013 году в Стамбуле проводится «Международный Конгресс Шелкового Пути: Новый подход к пути торговли, сотрудничества и мира». В «Vision» появляется ссылка на «пять принципов мирного сосуществования Устава ООН» Индийский генерал Дипанкар Банерджи подчеркивает, что эти принципы «совместно пропагандировали Джавахарлал Неру и Чжоу Эньлай в 1954 году», то есть первые премьер-министры Индии и Китая. Описывая правила Нового Пути, Цинго Цзя указывает на «мирный подъем» (和平崛起, heping jueqi) международного значения страны, а Чжан Есуй, заместитель министра иностранных дел Китая, что OBOR «Не направлен против какой-либо конкретной страны или организации» (不针对任何国家或特定的组织, bu zhendui renhe guojia huo teding zuzhi). Юрий Кулинцев из Российской академии наук пишет, что «Новый Путь» может способствовать «всеобщему миру на планете», и Найк Камраны из Университета Южной Калифорнии пишет о «Новом мировом порядке Китая для глобального мира и процветания». Хельга Цепп-Ларуш из Института Шиллера определяет китайский проект как «совершенно новую концепцию мира 21 века». В г. Сиань проводится Международный фестиваль искусств «Шелкового Пути» (The Silk Road International Arts Festival), целью которого является распространение мира во всем мире как «ценной идеи китайской культуры». Тереза Фэллон цитирует однако слова другого генерала. Адмирал Цзяньго Сун, Начальник штаба Китайской национальной освободительной армии, сказал: «“Никакой конфронтации, никакого конфликта “не означает” никакой борьбы” … без борьбы Соединенные Штаты по-прежнему не будут уважать основных интересов Китая».

Asian Development Bank; The New
Banerjee, Dipankar; China’s
Fallon, Theresa; The New
INOMISC; International

Jia, Qingguo; One Belt
Kamrany, Nake M.; China's
NDRC; Vision
Zepp-LaRouche, Helga; The New Silk Road Will
Zhang, Yesui; 'The One
Кулинцев, Юрий; Один

Позиция

По мнению некоторых людей, с помощью нового проекта Китай хочет
достичь лучшей позиции для себя в регионе Центральной Азии, чтобы
противодействовать влиянию России и США. Другие, как Мингжао Чжао,
указывают, что «OBOR имеет решающее значение для закрепления статуса
Китая как крупнейшей развивающейся страны». Е Цзычэн еще в 2010 году
четко указывал на глобальные цели и писал: «Если Китай не станет мировой державой, омоложение китайской нации будет неполным». Йерен ван
дер Леер и Джошуа Яу заявляют, что проект Пути – это реализация принятой Китаем стратегии «выйти на мировой уровень», однако добавляют,
что «перед Китаем долгая и извилистая дорога, наряду со слаборазвитыми
странами по всей Центральной Азии и на Ближнем Востоке,чтобы они
могли достичь позиции, влияния и уровня процветания, которые они когда-то имели во времена древних шелковых путей».

Leer, Yeroen van der; Joshua Yau; China's
Szczudlik-Tatar, Justyna; China's
Zhao, Minghao; China's
Zicheng, Ye; Inside

Дружба

«Vision» декларирует, что целью проекта является не только «мир и
дружба» между странами Пути, но также «мир и дружба между народами
всех стран», а Цзиньпин Си свое выступление в Астане в 2013 году назвал
«Содействие дружбе между людьми и созданию лучшего будущего». Офи-
циальная газета КПК "People's Daily" (人民日报) создала информационную платформу «Новый Шелковый Путь» (New Silk Road) «направленную

на содействие (…) дружеским отношениям между Китаем и другими странами Шелкового Пути». Йерен ван дер Леер и Джошуа Яу, как и другие, отмечают, что новая инициатива должна создавать дружественные отношения между многими странами, граничащими с Китаем.

NDRC; Vision
People's Daily; Of the
Xi, Jinping; Speech at Nazarbayev

Понимание

«Понимание» – это главная декларируемая цель индийского проекта «Mausam» («Муссон»), когда речь идет в нем об «улучшении взаимопонимания культурных ценностей и проблем» стран Индийского океана. В «Vision» среди различных целей говорится о необходимости взаимного понимания между людьми, организациями, странами и даже цивилизациями. Цзиньпин Си в своем выступлении в Джакарте в 2013 году тоже говорил об «улучшении взаимных отношений».

NDRC; Vision
The Hans India; What
Xi, Jinping; Speech by Chinese

Экономическое развитие

Надежда Роллан отмечает, что главная цель политики Цзиньпин Си заключается в том, чтобы сделать Китай мощной экономической страной. Новый Путь должен обеспечить то, чтобы «OBOR смог помочь сохранить экономический бум в Китае» – отмечает Чжао Мингжао. Это должно способствовать развитию запада Китая, менее вовлеченного в развитие страны. Доминика Паттон пишет о планах по созданию 1 миллиона рабочих мест в текстильной промышленности в Синьцзян-Уйгурском автономном районе к 2023 году, а Камилла Бругер о том, что новая продукция будет экспортироваться в Центральную Азию. Проект должен обеспечить работу китайским компаниям в реализации проектов за пределами страны, тем самым позволит использовать их потенциал и занятость китайских работников. Свой проект Цзиньпин Си определяет, как «Экономический Пояс Шелкового

Пути», указывая на экономический аспект инициативы, которая должна также способствовать экономическому развитию других участников проекта, поэтому в своем выступлении в Астане сказал, что «Это будет отличное мероприятие, приносящее пользу людям всех стран вдоль пути». Брюс Паньер о китайских инвестициях в Центральной Азии пишет, что большую выгоду от них имеют китайские компании,чем местные. Иньхон Ши объясняет, что «экономический рост» является одной из четырех современных основных международных ценностей. Во многих странах «Новый Путь» воспринимается как шанс их экономического развития, поэтому некоторые люди отмечают, что китайская инициатива способствует созданию дружественного имиджа страны. Другие указывают на ее глобальный характер. По словам Джастина Линь, благодаря ей Китай станет движущей силой глобального развития, а Афшин Молави пишет о том, как она преобразит глобальную экономику.

Brugier, Camille; China's
Fallon, Theresa; The New
Leer, Yeroen van der; Joshua Yau; China's
Lin, Justin; China's
Molavi, Afshin; Five
NDRC; Vision
Pannier, Bruce; How
Patton, Dominique; Xinjiang
Rolland, Nadège; China's
Shi, Yinhong; The Roles
Xi, Jinping; Speech at Nazarbayev
Zhao, Minghao; China's

Равенство

Юрий Тавровский из Российского Университета Дружбы Народов отмечает: «На встречах в Уфе, Пекине, Москве, Дурбане и Нью-Дели шаг за шагом строятся основы нового мирового порядка, который не предусматривает руководства какой-либо страны или группы стран». И добавляет, что строящиеся международные отношения являются «горизонтальными, а не вертикальными», то есть они основаны не на иерархии, а на равенстве вовлеченных государств. Пейм`инь Ни из Университета Южной Калифорнии цитирует Тавровского и, развивая его мысль, указывает, что новые отношения не имеют характера пирамиды иерархии экономической и военной мощности, имеющей место до сих пор, но имеют многосторонний характер, когда решения зависят от соглашений между разными государствами.

Ni, Peimin; The Underlying
Тавровский, Юрий; Новые

Равновесие, баланс

«Vision» декларирует, что целью инициативы является «сбалансированное и устойчивое развитие» участвующих в ней стран. Мингжао Чжао пишет, что целью является баланс в экономическом развитии восточных и западных провинций Китая. Последние, которые отстают, должны быть бенефициарами Проекта, формирующего новые связи между ними и странами Центральной Азии. Для Алисы Экман целью является «создание "сбалансированной региональной архитектуры экономического сотрудничества"», где речь идет не только об экономике. Дэвид Коэн цитирует мнение министра иностранных дел Китая И Ван, что «Западные экономики, а главным образом США, несут ответственность за глобальные экономические и политические диспропорции, которые привели к глобальному финансовому кризису. Китай должен работать, чтобы «перебалансировать» (再平衡, zai pingheng) эти дисбалансы с помощью OBOR». Речь идет не только о балансе развития китайских провинций, других стран или Центральной Азии, но и всего мира.

Cohen, David; China
Ekman, Alice; China
NDRC; Vision
Zhao, Minghao; China's

Разнообразие

В «Vision» говорится о том, что Проект ориентирован на «культурное разнообразие» стран и «диалог между различными цивилизациями на основе принципов поиска точек соприкосновения при сохранении разногласий». Бонни Глейзер и Мелисса Мерфи пишут о «гармонии, но разнице [he er butong]» в концепции КПК. Агата Крац цитирует слова Цзюнь Вана о том, что «учредители АПВ сильно отличаются друг от друга с точки зрения развития, ценностей, вероисповеданий и общих ожиданий. Поэтому Китаю придется «найти точки соприкосновения, несмотря на различия» (求同存异, qiutongcunyi)». Иньхон Ши подчеркивает, что «Люди имеют полное право путешествовать по своим дорогам в соответствии со своей собственной практикой, опытом и решениями».

Glaser, Bonnie S.; Melissa E. Murphy; Soft
Kratz, Agatha; China's
NDRC; Vision
Shi, Yinhong; The Roles
Zhao, Minghao; China's

Социализм

Бонни Глейзер и Мелисса Мерфи напоминают, что «председатель Цзян Цзэминь объявил решение о строительстве социалистической «духовной цивилизации» на XV Конгрессе КПК в 1998 году. (…)
Для КПК это укрепило важность строительства социалистической системы базовых ценностей, которая может укрепить «сплоченность китайской нации». Авторы указывают на «внимание на решение вопросов социального обеспечения и на то, что ставят "людей на первое место"». Они также пишут о возможности того, что «Пекин будет продвигать китайские социалистические ценности как альтернативу западным ценностям». На 18-ом Съезде партии в 2012 году Цзиньтао Ху объяснял: «Основные социалистические ценности являются душой китайской нации и служат руководством для построения социализма с китайскими характеристиками». Он указывал на благосостояние, социальную справедливость, демократию, равенство, дружбу. Он говорил о строительстве гармоничного социалистического общества. Джон Вонг пишет о том, что Цзиньпин Си, в частности, с помощью Нового Пути, хочет сделать из Китая „социалистическую культурную сверхдержаву".

Glaser, Bonnie S.; Melissa E. Murphy; Soft
Hu Jintao's report
Wong, John; China's

Сырье

Владимир Федоренко пишет, как важно сырье для различных проектов.
Американский Шелковый Путь – это туркменский природный газ для Афганистана, Пакистана и Индии. Китайский проект также касается туркменского газа и нефти, но проходящих через Узбекистан и Казахстан в Китай.
Соглашение с 2004 года между компаниями «Лукойл» и «Узбекнефтегаз»,
финансируемое Азиатским банком развития (Asian Development Bank),
Исламским банком развития (Islamic Development Bank) и Корейским банком развития (Korean Development Bank), относится к узбекскому газу
для России. "Asian Development Bank" пишет о газе и нефти в Азербайджане, Казахстане, Узбекистане и Туркменистане, меди в Узбекистане
и Монголии, золоте в Монголии, Узбекистане и Таджикистане, а также
узбекском уране, туркменских редких металлах и таджикском серебре и
сурьме. По словам Йерен ван дер Леера и Джошуа Яу «Новый Путь должен
обеспечить Китаю «длительныйдоступ к природным ресурсам», которые
страна должна импортировать из-за границы. Примером является Казахстан
и Китайский проект по разработке цветных металлов (China Nonferrous
Metal Mining), касающийся добычи меди, или заинтересованность китайского Фонда Шелкового Пути (Silk Road Found) добычей золота.

Asian Development Bank; The New
China Daily; Chinese
China Nonferrous
Fedorenko, Vladimir; The New
Leer, Yeroen van der; Joshua Yau; China's

Шариат

"Islamic Development Bank" декларирует, что ведет деятельность

«в соответствии с принципами Шариата, то есть исламского права». Анита
Хаузер пишет: «Торговцы вдоль старого Шелкового Пути, без сомнения,

были знакомы с финансовыми контрактами, основанными на исламских принципах, и сегодня покупатели и продавцы вдоль Нового Шелкового пути, присоединяясь к Азии и Ближнему Востоку, реализуют свои возможности. Глобальный исламский банковский центр Ernst & Young (Ernst & Young's Global Islamic Banking Centre) прогнозирует, что Исламское торговое финансирование станет предпочтительным выбором для быстрорастущих рынков». Цитирует слова Газанфара Накви из «Standard Chartered», международного банка из Лондона: «Мы начали использовать договоры на покупку и перепродажу (murabaha), «объясняет Накви», и за эти годы мы добавили другие инструменты». Зети Ахтар Азиз, президент банка "Bank Negara Malaysia", центрального банка страны, в своем выступлении на форуме «GIFF Investors & Issuers Forum» в Куала-Лумпур 28 марта 2007 года, сказала: «Исламские финансы имеют хорошие возможности стать «транспортным средством» на Новом Шелковом пути». «Появление Нового Шелкового Пути отражает растущие и развивающиеся экономические и финансовые отношения и взаимосвязи, причем исламские финансы имеют хорошие возможности для дальнейшего содействия этим связям (...). Исламские финансы не только предусматривают предотвращение: «riba» (usury) – ростовщичеству, но также распространяются на вопросы, связанные с этическими ценностями, такими как справедливая торговля и охрана окружающей среды». Следует добавить, что «ribā» – это термин, определяющий в Коране нечестную прибыль, полученную, в частности, в результате ростовщичества.

Aziz, Zeti Akhtar; Islamic
Hawser, Anita; Islamic
Islamic Development Bank

Толерантность

Ирен Ченг пишет, что для Эдуарда Шеварднадзе Великий Шелковый Путь обладал не только экономической ценностью, но и являлся также «путем толерантности». «Vision» гарантирует, что новый проект «выступает за толерантность между цивилизациями, уважает пути и способы развития, выбранные разными странами».

Cheng, Irene; The New
NDRC; Vision

Транспорт

Транспорт является приоритетом различных концепций Нового Пути. Приоритетом Турции является упрощение перевозок на границе. Концепция кавказских стран касается грузовых перевозок, соединяющих железнодорожные и морские перевозки. Для американской концепции важен газопровод. Китайский проект Нового Пути имеет наиболее комплексный характер. Среди различных целей и приоритетов существует также транспорт в двух вариантах. Во-первых, строительство сухопутных транспортных коридоров, соединяющих Китай с различными евразийскими регионами. Во-вторых, развитие морского транспорта, связывающего Китай со странами Юго-Восточной Азии и остальным миром.

Fedorenko, Vladimir; The New
HKTDC; What
Yazıcı, Hayati; Turkey

Туризм

Анализируя проекты касающиеся Центральной Азии, Владимир Федоренко отмечает, что «важным, но неразвитым сектором во всех государствах Центральной Азии является туризм». Постулат развития туризма присутствует в «Vision» в разделе, посвященном контактам между людьми: «Мы должны расширять сотрудничество и расширять масштабы туризма». Туристы уже пользуются Транссибирской магистралью, высокоскоростной железной дорогой Ташкент-Самарканд, а также предложениями специализированных туристических агентств, таких, как Железная Дорога Шелкового Пути (Silk Road Railway) или туры по Шелковому Пути (Silk Road Treasure Tours).

Fedorenko, Vladimir; The New
NDRC; Vision
Silk Road Railway
Silk Road Treasure Tours
Транссибирская магистраль

Узел

Новый Путь, как и старый, представляет собой сеть дорог, проектов, мероприятий, поэтому в нем важны перекрестки, узлы и центры связи, в которых сходятся и пересекаются разные дороги и инициативы. По словам Уэйда Шепарда «На новом перекрестке Евразии» находится новый порт в Баку в Азербайджане. В свою очередь Международный финансовый центр в Дубае (Dubai International Finance Center) является «глобальным финансовым центром стратегически расположенным междувостоком и западом". По словам Адедана Ашебира китайский проект «поможет стране стать региональным торговым центром и точкой входа для прямых иностранных инвестиций».

Four Seasons Hotel Dubai
Levchenko, Anastasia; Kenya
Shepard, Wade; An Inside

Полицентризм

Комментируя китайские предложения, индийский дипломат Ахмад Талмиз подчеркивает, что

«Многополярная Азия уже существует, и Индия является важной частью этого». Однако дело не только в Азии. В "Vision" говорится, что инициатива строительства Пути «охватывает тенденцию по направлению к многополярному миру» Махди Дариус Наземроая пишет, что проект формирует новый

«многополярный шелковый порядок мира». Пеймин Ни ссылается на Юрия Тавровского и отмечает: «новый мировой порядок является мультилатеральным» и в качестве примера указывает Азиатский банк инфраструктурных инвестиций (Asian Infrastructure Investment Bank), где никто не имеет права вето, как во Всемирном банке или Международном валютном фонде, где такое правое имеют только США. К нему присоединяется Мингжао Чжао:

«АПВ воплощает стремление Китая практиковать мультилатерализм в международных финансах». Полицентризм и мультилатерализм взаимосвязаны. Отсутствие одного центра мирового порядка или полицентризм – это совместное формирование такого порядка многими странами в мультилатеральных соглашениях. Поэтому в «Vision» говорится о мультилатерализме: финансов, торговли, каналов связи, интересов.

NDRC; Vision
Nazemroaya, Mahdi Darius; Neither
Ni, Peimin; Underlying
Talmiz, Ahmad; Who's
Zhao, Minghao; China's
Тавровский, Юрий; Новые

Множество

Согласно «Vision», Новый Путь «Это плюралистический и открытый процесс», потому что он открыт для многих участников, многих гибких инициатив, которые могут быть реализованы по-разному. Юрий Кулинцев пишет, что «это не китайское соло Китая, а симфония заинтересованных стран». Хельга Цепп-Ларуш обращает внимание, что китайская инициатива – это «новая модель сотрудничества между народами мира. (…) они тем не менее должны уважать различные уровни развития, историю, культуру и социальные системы и, прежде всего, уважать национальный суверенитет. Это идея Кузы о единстве в множестве, и она должна быть основана на нежной любви к идеи сообщества народов».

NDRC; Vision
Zepp-LaRouche, Helga; The New Silk Road Leads
Кулинцев, Юрий; Один

Влияние

Ахмад Талмиз пишет: «"OBOR" мог бы на самом деле стать средством влияния Китая, если не гегемонии, то по всей Азии». Марцин Качмарски также отмечает, что Новый Путь должен «являться базой для расширения политического влияния Китая», но добавляет, что «это открытый политический проект без четко определенных границ», поэтому он может быть инструментом влияния также за пределами Азии. По словам Дэвида Доллара, китайский Новый Путь достигает различных частей Азии, Африки и Европы, а Китай становится глобальной державой. Для некоторых людей это связано с развитием инфраструктуры, для других благодаря китайской «мягкой власти» идей и ценностей. Анган Ху еще в 2006 году утверждал, что китайский идеал гармоничного общества «более влиятелен и привлекателен, чем американская демократия и права человека». При таком подходе о влиянии Китая на мир решают привлекательные для мира ценности и идеи, связанные с новой инициативой.

Dollar, David; China's
Glaser, Bonnie S.; Melissa E. Murphy; Soft
Kaczmarski, Marcin; Nowy
Talmiz, Ahmad; Who's

Восток и Запад

Восток и Запад – это два выделенные направления Шелкового Пути, которые появляются часто, когда о нем говорится, а иногда становятся его синонимом. Когда для Александра Вучича Сербия – это

«мост между Востоком и Западом», он имеет ввиду Путь в его новой версии. Для Арчила Гегешидзе Новый Путь – это «новые отношения между Востоком и Западом». А когда Бинали Йылдырым говорит о «пути, соединяющем западную и восточную цивилизации», то он говорит об обеих версиях. Аналогично в «Vision», где древний Путь и нынешний Путь «Символизируют общение и сотрудничество между Востоком и Западом». Однако Путь не всегда является этим дуэтом. Для Фонда Шелкового Пути из Кореи – это только одно направление, а старый Шелковый Путь соединял Восток. О китайском городе Чэнду говорится, что Путь, именуемый здесь Южным, вел в Бирму, Индию и Вьетнам. А из города Кашгар, прибывающие с Востока купцы в дальнейшем своем пути имели к выбору три направления. Юг: маршрутом, где сегодня проходит Каракорумское шоссе через перевал Хунджераб в направлении г. Исламабад и далее в Индию. Запад: через Алтайский перевал Иркештам (Irkeshtam, Эркеч-Там, 伊尔克什坦) на границе с Киргизией сегодняшней дорогой A371 через территорию нынешнего Таджикистана в Афганистан, Иран. Север: через Торугартский перевал в горах Тянь-Шань на границе с Киргизией, через Бишкек (в настоящее время казахский Шымкент) и далее на север в сторону Сибири. Если к этому добавить «Морской Шелковый*Путь*21 века», который Цзиньпин Си предложил в 2013 году в Джакарте (Индонезия), оказывается, что в Китае Шелковый Путь – это четыре стороны Срединного Государства (Zhōngguó, 中国).

Caravanistan; Irkeshtam
Daily News; Marmaray
Gegeshidze, Archil; The New
Liu, Jing; The ancient
NDRC; Vision
Serbia Construction; Chinese
Silk Road Foundation
Travel China Guide; Southern

Сообщество

Хиллари Клинтон обращалась к сообществу старого Пути и постулировала сообщество Нового: «Исторически народы Южной и Центральной Азии были связаны друг с другом и остальной частью континента разветвленной торговой сетью под названием Шелковый Путь (…). Давайте работать вместе, чтобы создать новый Шелковый Путь». Цзиньпин Си вместе с Новым Путем говорит о развитии местного региона: «мы должны использовать инновационный подход и совместно строить «экономический пояс вдоль Шелкового пути». Это будет большое дело на благо народов всех стран, расположенных вдоль пути». Хивэй Ванг добавляет, что целью «OBOR» является строительство «общности интересов и безопасности» (利益+安全共同体, liyi+anquan gongtongti)". Тереза Фэллон отмечает, что инициатива ссылается на «общую судьбу». Юрий Кулинцев обращает внимание на понятие «сообщество общей судьбы», лежащее в основе китайского проекта. Это объясняет Пеймень Ни: «Конфуцианцы хорошо известны своим чувством видеть поднебесную 天下, «все под небом», как сообщество общей судьбы. Как указывает современный китайский политический философ Чжао Тинян, термин «tianxia» (поднебесная) представляет собой основную философию, совершенно отличную от философии, лежащей в основе понятия национального государства. Поднебесная влечет за собой чувство видеть все под небом как взаимосвязанное». Другие люди отмечают, что трансконтинентального или даже глобального Нового Пути

Китаю не удастся реализовать, несмотря на имеющиеся финансовые, экономические и политические возможности без участия других государств. Адам Калиньски цитирует мнение аналитика Банка "Export-Import Bank of China", Чанхуэй Чжао, который сказал, что «хотя Китай является ведущей страной в этом проекте, то ему придется вести переговоры с другими странами, если предприятие должно добиться успеха».

Clinton, Hillary Rodham; Remarks
Fallon, Theresa; The New
Kaliński, Adam; Na nowy
Ni, Peimin; The Underlying
Wang, Yiwei; How
Xi, Jinping; Promote
Xi, Jinping; Speech by Chinese
Кулинцев, Юрий; Один

Сотрудничество, кооперация

Сотрудничество появляется в названии конференций, посвященных Новому Пути в Стамбуле в 2013 году и в Урумчи в 2015 году. Цзиньпин Си говорит о необходимости сотрудничества для общего блага в Астане и Джакарте в 2013 году. В «Vision» слово сотрудничество (cooperation) появляется более 100 раз и относится к различным областям, а сам проект называется «Сотрудничество Пояса и Пути» ("The Belt and Road cooperation"). В г. Сиань проводится Международный фестиваль искусств Шелкового Пути ("The Silk Road International Arts Festival"), чтобы распространять в мире кооперацию как ценную идею китайской культуры. Алиса Экман пишет о «новых моделях международного сотрудничества», а Хельга Цепп-Ларуш о «новой модели сотрудничества между народами мира». О сотрудничестве с Китаем в рамках Нового Пути говорится во многих местах, также в г. Катовице (Польша), где 20–22 апреля 2015 г. проходил IV Экономический Форум Польша-Китай. Как пишет Ежи Дудала, ссылаясь на Лицзюань Лю: «В Китае хотят, чтобы китайско-польское сотрудничество стало моделью сотрудничества со странами Центральной и Восточной Европы». Азиатский Банк Развития ("Asian Development Bank") о своей программе Нового Шелкового Пути ("The New Silk Road") в 2011 г. писал «Сотрудничество для процветания», как и в проекте Цзиньпин Си. Пейминь Ни указывает на два определения, часто появляющиеся у Председателя. Рядом с «сообществом общей судьбы» – это «hezuogongyin 合作 共赢 – «сотрудничество и совместное процветание». Если мы являемся сообществом общей судьбы, то у нас нет выбора, кроме как сотрудничать друг с другом».

Asian Development Bank; The New

Dudała, Jerzy; Wielki

Ekman, Alice; China

INOMISC; International

NDRC; Vision

Ni, Peimin; The Underlying

The Economic Times; 55 cities

Xi, Jinping; Silk

Xi, Jinping; Speech by Chinese

Zepp-LaRouche, Helga; The New Silk Road Leads

Обмен

Грузовые перевозки являются причиной того, что многие пишут о товарном обмене, как Пьер-Луи Карон в названии текста: «Китай получает французское вино в обмен на химические вещества». В «Vision» говорится об обмене между парламентами, городами, неправительственными организациями, людьми, цивилизациями, а также о студенческом, культурном обмене и обмене информацией. С Платформы Шелкового Пути ЮНЕСКО ("UNESCO Silk Road") узнаем, что на Старом Пути люди также обменивались товарами и идеями. Чжинчжи Ма объясняет, что сегодня, как и в прошлом, Шелковый Путь является «рынком идей» и ссылается на книгу Рональда Коуза. В прошлом и сегодня экономический обмен приводит к тому, что Путь способствует формированию распределения труда между странами, регионами, городами. Цзюньцзе Ма пишет, что если когда-то Путь «помог ввести буддизм и ислам в Китай», то сегодня «Надежда здесь в том, что с помощью стратегии Один Пояс,Один Путь ("One Belt, One Road"), появится гораздо больше и более сложный рынок идей». Он спрашивает, что благодаря этому рынку станет ли Китай более открытым? А может спросить Европу и Запад, не станут ли они также более открытыми?

Caron, Pierre-Louis Caron; China
Coase, Ronald; The Market
Ma, Junjie; The new
NDRC; Vision
UNESCO; The UNESCO Silk

Взаимность

В 2013 году в Джакарте Цзиньпин Си говорил о «работе для взаимовыгодного сотрудничества». В «Vision» говорится: «Инициатива Пояс и Путь ("The Belt and Road Initiative") является дорогой взаимовыгодного сотрудничества, способствующего общему развитию и процветанию». Китайский Консул из Санкт-ПетербургаЯньчи Цзи пытается это объяснить и показывает на один из трех принципов Проекта: «Совместное использование – мы все вместе выпекаем торт и делим его справедливо». В свою очередь Пейминь Ни объясняет этот принцип конфуцианским пониманием древней китайской идеи "tianxia" 天下, понимаемой как общность судьбы «все под небом». Если мы являемся этим сообществом, тогда у нас нет другой возможности, кроме совместной работы и совместного благосостояния: «Нет игры с нулевой суммой! Это либо ноль-ноль, если мы сражаемся друг против друга, либо беспроигрышный вариант, если мы сотрудничаем!» Так что если кто-то действительно выигрывает, то кто-то другой не может проигрывать. А если мы считаем, что наш выигрыш сопровождается убытком у кого-то другого, то мы ошибочно называем победу нашим убытком. Индийский дипломат Ахмад Талмиз отмечает, что если в основе реализации китайского проекта действительно будет находиться дух сотрудничества ("cooperative spirit"), тогда окажется, что он действительно реализует заявленный принцип «беспроигрышного» варианта ("win-win"), то есть побеждают все.

NDRC; Vision
Ni, Peimin; The Underlying
Talmiz, Ahmad; Who's
Xi, Jinping; Speech by Chinese
Цзи, Яньчи; Это

Доверие

"Asian Development Bank" пишет о «Духе доверия и уверенности, который развивался на протяжении многих лет среди добрых соседей и хороших партнеров». Цзиньпин Си в своем выступлении в Джакарте в 2013 году, представляя области действия проекта Нового Пути, на первом месте указал: «строить доверительные и развивать добрососедские отношения. Доверие к самому фундаменту как межличностных, так и межгосударственных отношений". В «Vision» говорится о строительстве доверия между людьми, странами, цивилизациями, а Проект определяется как «путь к миру и дружбе путем укрепления взаимопонимания и доверия».

Asian Development Bank; The New
NDRC; Vision

Часть 4. Новый Шелковый Мир

Найк Камраны отмечает, что вместе с Новым Путем «рождается новый международный экономический и политический порядок». Себастьян Пейруз пишет о «Новом мировом порядке» ("the New World Order"), Пепе Эскобар о «Новый мировом (шелковом) порядке» ("New (Silk) World Order"), Пеймінь Ни о «Новом мировом порядке Шелкового Пути» ("New Silk Road World Order"), Марцин Качмарски о «шелковой глобализации», а Афшин Молави, что «Новый Шелковый Путь» (The "New Silk Road") коренным образом преображает наш мир». Проводятся конференции, как и 6 октября 2015 года в Брюсселе «Шелковый путь, новый мировой порядок» ("The Silk Road, the New World Order"). Некоторые, как Катажина и Мечислав Спренгель, спрашивают, станет ли Китай глобальной державой XXI века, а даже, заменят ли в этой роли США? Суджян Го и Баоган Го во Введении к «Большой Китай в эпохе глобализации» ("Greater China in an Era of Globalization") цитируют слова Одед Шенкар, который пишет о развитии Китая, что «оно изменит глобальную картину мира» и добавляет, что это сопровождается падением важности США как глобальной экономической, политической и военной силы прошлого века. Многие, как Алиса Экман, указывают на «новые модели международного сотрудничества и глобального управления». Райт Дойл в обзоре «Greater China» отмечает, что в нем говорится о двух консенсусах, которые отличил Джошуа Купер Рамо: вашингтонский и Пекинский. Первый, прежний, это свободный рыночный капитализм, свободная торговля, демократия и универсальные права человека. Второй предложенный Китаем, это независимость государств и не влияние на их внутреннюю политику. Хельга Цепп-Ларуш пишет даже о сосуществовании этих двух консенсусов и основанных на них порядках: «В настоящее время существуют две экономические и финансовые системы, построенные на совершенно разных принципах. Во-первых, трансатлантическая система, как имперская структура, стремится постоянно расширять границы своей сферы власти через наднациональные структуры, которые угрожают суверенитету других народов». Вторая – это «новая модель сотрудничества между народами мира. (…) тем не менее они должны уважать различные уровни развития, историю, культуру и социальные системы и, прежде всего, уважать национальный суверенитет». Юрий Тавровский подчеркивает, что новый порядок имеет «горизонтальный, а не вертикальный характер», то есть он не связан с изменением мирового лидерства посредством замены одной страны другой в качестве лидера. Пейминь Ни объясняет, что новый горизонтальный порядок является мультилатеральным, сформированным многими странами, а его участники ««избегали таких терминов, как «лидерство» и «альянс», вместо этого они предпочитают такие слова, как «диалог», «партнерство» и «сотрудничество». Здесь в описании Нового Порядка появляется парадокс. Различные исследователи вместе с Пейминь Ни указывают на его мультилатеральность, многополярность, плюралистический характер, в котором важную роль играют многие страны и происходящие между ними отношения. С другой стороны многие, включая Пейминь Ни, отмечают особую роль Китая. Когда Пейминь Ни анализирует философские основания «Мирового Порядок Шелкового Пути» ("Silk Road World Order"), или более коротко «Шелкового Порядка Мира» (the "Silk World Order")», то указывает на часто появляющиеся в выступлениях Председателя КНР Цзиньпин Си две формулировки: «mingyun gongtongti 命运共同体 — сообщество общей судьбы», а также «hezuogongyin 合作共赢 — сотрудничество и совместное процветание» Он обращает внимание, что такое мышление «Глубоко укорененное в традиционной китайской культуре» и указывает на ее две важные составляющие с конфуцианской родословной. Первая заключается в понимании поднебесной ("tianxia") (天下) как общности судьбы всего под небом: « "поднебесная" представляет основную философию, совершенно отличную от философии, лежащей в основе понятия национального государства. Поднебесная влечет за собой чувство видеть все под небом как взаимосвязанное». Вторая представляет собой «datong (大同), или Великую Гармонию». Подобным образом это представляет Вэньшань Цзя, для которого возникает новая модель «конфуцианского глобального лидерства», основанного на 5 добродетелях Конфуция: ren (доброжелательность), yi (справедливость), li (приличие), zhi (мудрость), xin (доверие). Чанпин Фан новый порядок определяет кратко: «гармоничный мир». Парадоксальность такого образа возникающего нового мирового порядка заключается в том, что этот плюралистический, многополярный, мультилатеральный и многокультурный мир одновременно должен являться

Большой Гармонией Конфуция, соответствующей традиционной китайской культуре.

Юрий Кулинцев о Новом Пути пишет, что «это не китайское соло, а симфония заинтересованных стран». Махди Наземроая отмечает, что Новый Путь это «новый многополярный шелковый порядок мира» и указывает на его два важных элемента: «Новый Шелковый путь и Евразийский экономический союз не только взаимодействуют друг с другом, но и сходятся, и имеют симбиотические отношения. Они дополняют друг друга, но они больше, чем Европа, Азия или Евразия. Они говорят о Шелковом мире, который охватывает все уголки планеты.» Но ведь Новый Маршрут – это также понятия и действия других стран, не только Китая и России. Инициативы различных стран отличаются друг от друга целями, способами реализации, а также областями, которых они касаются. В результате у нас имеется много Новых Шелковых Путей, а как объясняет Ульрих Бек, основными субъектами деятельности и создателями этих путей являются не только государства, но и частные компании и международные организации. Инициатива Хиллари Клинтон, то есть американский Шелковый Путь – это концепция восстановления послевоенного Афганистана путем развития контактов этой страны с соседями. Афганская концепция Лазурного Пути Ашрафа Гани отличается и должна соединять Афганистан с Европой. Турецкий Путь согласно проекту Хаяти Язици – это упрощения и облегчения в пограничных процедурах транспорта, касающиеся Турции, стран Кавказа и Центральной Азии. Великий Путь Эдуарда Шеварднадзе первоначально касался трубопроводов, затем грузовых перевозок, но его неизменной целью являлось сделать постсоветскую Грузию независимой от России, а также, чтобы Грузия стала важной страной в регионе Кавказа. Индийский проект «Муссон» («Mausam») Шри Равиндра Сингха касается строительства сети морских транспортных путей сообщений Индийского океана, центром которой являлась бы Индия. И конечно, речь идет также о создании ключевой позиции Индии в этом регионе. Китайские и российские проекты также отличаются. Для России Евразийский экономический союз и Центральная Азия важны для восстановления сверхдержавной позиции со времен СССР. Для Китая они важны для получения сырья, экспорта товаров и инфраструктурных контрактов для китайских компаний.

Имеются еще концепции и реализации Путей частных компаний. Крупных и небольших. Islamic Development Bank и его деятельность по развитию мусульманских общин в соответствии с шариатом. New Silk Road Company, целью которой является превращение Дубая в центр глобальных финансов. New Silk Road Investment из Сингапура, целью которой являются инвестиции, приносящие прибыль компании. "DB Schenker" из Германии, "Silk Route Rail" из Гонконга или "Hatrans" из Польши, которые предлагают железнодорожные грузовые сообщения между Китаем и Европой. Китайская компания "New Silk Road Group" производит и экспортирует текстиль из шелка. "Silk Road Railway" из Австралии, "Golden Eagle Luxury Trains" из Великобритании или "Silk Road Treasure Tours" из США предлагают туристические поездки по железной дороге. Существуют также различные организации, учреждения, а также частные лица и очередные концепции, инициативы, действия. "Asian Development Bank" реализует собственную программу развития «самых бедных регионов мира». "British Library" с библиотеками из многих стран ведет "International Dunhuang Project" направленный на сбор и обмен коллекций, связанных с Американским Путем. Кион Парк из США руководит исследовательским проектом "New Silk Roads", посвященным изменениям, какие происходят в городах между Стамбулом и Токио. "Silk Road Foundation" также из США занимается поддержкой исследований Шелкового Пути. С таким же названием "Silk Road Foundation" из Южной Кореи поддерживает дружбу и сотрудничество между Кореей и странами Шелкового Пути, а "Silk Road Reporters" из США публикует информацию и анализы, касающиеся Центральной Азии. Собственную программу действий "Silk Road" имеет ЮНЕСКО. Ее целью является «содействие взаимопониманию, толерантности, примирению и миру посредством диалога» и включает в себя полевые исследования, ведение архивов, симпозиумы, выставки, публикации. Хельга Цепп-Ларуш руководит Институтом Шиллера и с 90-х годов на различных встречах продвигает концепцию Мирового Сухопутного Моста ("World Land-Bridge") развития коммуникационной инфраструктуры в пользу мира и благосостояния человечества.

Если Юрий Кулинцев отмечает, что Новый Путь – это не китайское сольное выступление, но симфония разных стран, тогда стоит добавить, что музыканты этого оркестра играют по своим собственным партитурам, которые отличаются друг от друга. Кроме того, в состав оркестра входят не только разные государства, но также компании, организации и даже частные лица, которые реализуют свои собственные идеи. Следовательно, звучание оркестра зависит от всех музыкантов, хотя не таким же самым способом или не в той же степени. Некоторые инструменты более важны, другие менее. Среди участников Нового Пути также имеются крупные, мощные страны, компании и организации, и небольшие, с более ограниченными возможностями действия. Инструмент с громким звучанием может заглушить другой с тонким звучанием, но последний может также нарушить звучание первого. В «Новом Пути» инициативы крупных участников могут стать великими благодаря участию небольших участников. Кроме того, как и в оркестре, так и в Новом Пути, все его участники для достижения своих целей требуют участия других, а адаптация их собственных целей, проектов, мероприятий к целям, проектам и другим видам деятельности часто является важным фактором, определяющим успех инициативы. Даже те, кто представляет государственный китайский Фонд Шелкового Пути ("Silk Road Found"), имеющий в распоряжении 40 млрд. долларов США, подчеркивают, что они рассчитывают на участие в своих инвестициях частных компаний, а Азиатский банк инфраструктурных инвестиций ("Asian Infrastructure Investment Bank") становится важным глобальным банком благодаря участия в нем, помимо Китая, 56 других стран мира.

Новый Путь и формируемый им Новый Шелковый Порядок Мира стоит рассматривать как взаимодействие, которое происходит между различными инициативами государств, фирм, организаций, людей. Иногда эти инициативы совпадают, соответствуют друг другу, а иногда расходятся или даже являются противоположными, как две фирмы или государства, каждое из которых стремится занять привилегированную позицию в той же самой области или отрасли. Некоторые инициативы тесно связаны друг с другом, другие являются менее или более независимыми. На самом деле, все происходящие между ними взаимодействия способствуют формированию Нового Пути и связанного с ним Нового Шелкового Мирового Порядка. Новый Путь представляет собой это взаимодействие, и в этом смысле можно говорить о многостороннем, многоаспектном и плюралистическом характере Нового Пути и Нового Порядка. Если напомнить, что подобный плюралистический, многокультурный мир постулирует китайский проект, то возвращается парадоксальный характер и Нового Пути, и связанного с ним нового глобального «шелкового» порядка. Плюрализм Нового Пути и Нового Порядка, а также Великий Возрожденный Китай, выступающий за многокультурный мир, были бы тесно связаны друг с другом и взаимно способствовали бы своему развитию.

Фарид Закария в "The Post-American World" описывает многополярную и гибридную международную систему, которую он определяет как более динамичную, более открытую, основанную на взаимоотношениях, и сразу же добавляет, что в ней имеется важное место для США, но также для Китая, Индии, России, мусульманских и других странах и, прежде всего, для взаимодействий, взаимопонимания и сотрудничества. Какова будет роль Китая в этом пост-американском мире? Илья Пригожин объясняет нам, что будущее непредсказуемо, потому что оно зависит от событий, которые еще не произошли. Однако, когда говорится о Новом Пути или Новых Путях, трудно избежать вопросов о будущем. Многое зависит от того, что произойдет в Китае и от отношений этой страны с внешним миром. Некоторые люди спрашивают об отношении Китая к США, другие о том, будет ли Китай экспортировать свои собственные идеи, ценности, принципы? Когда Иньхон Ши размышляет о правильном в будущем отношении Китая к США, то он указывает на происходящую от Сяопина Дэна политику равновесия, основанную на принципе «удержать старых друзей и выиграть новых». Будет ли это так в будущем? Конечно, это также будет зависеть от внутренней ситуации и внешней политики США. Что касается экспорта китайских идей, то в стране продолжается обсуждение этого вопроса. Некоторые китайские интеллектуалы и политики начиная уже с 15-го Конгресса КПК в 1998 году указывают вслед за председателем Цзян Цзэминь на важную роль «мягкой силы», то есть ценностей, норм и другого культурного содержания для международного имиджа страны и ее глобальной позиции и возможностей действия. Иньхон Ши указывает на необходимость мировой привлекательности Китая и его ценностей, а также на то, чтобы страна стала источником вдохновения для других. Некоторые, как Чанпин Фанг, считают, что «для достижения своих целей «мягкой силы» Китай должен добиваться международного признания своей модели развития». Другие представляют другое мнение, представляемое Бонни Глейзер и Мелиссой Мерфи: «Китай никогда не был экспансионистом и не навязывал этой модели развития другим. Это очень важный момент. Китай никогда не будет пытаться экспортировать модель развития». Решение этой дискуссии будет иметь существенное влияние на Шелковый Путь, Шелковый Мировой Порядок и сам Китай.

А какое отношение Нового Шелкового Мирового Порядка к прошлому? Джованни Арриги вслед за Фернаном Броделем, развивает концепцию следующих после себя циклов капиталистической системы, в которой роль центра выполняли по очереди: Венеция, Испания, Голландия, Великобритания и Соединенные Штаты. Хотя центр системы двигался, система была моноцентричной. Арриги уже в 2002 году замечал признаки формирования нового центра накопления капитала в Восточной Азии. Может ли страна, управляемая КПК, стать следующим центром мировой капиталистической системы? Джанет Абу-Луход описывает мир «до европейской гегемонии», который называет «мировой системой тринадцатого века», хотя следует добавить, что здесь речь идет о Старом Свете трех континентов: Африки, Европы и Азии. Автор подчеркивает полицентрический характер этого порядка Старого Света XIII-го века, который состоял из 8 взаимосвязанных регионов: Западной Европы, Восточного Средиземноморья, Красного моря, Аравийского моря, Персидского залива, Бенгальского залива, Китайского моря и Центральной Азии. Он указывает на ключевую роль в этой системе соединений, путей Индийского океана. Океаническое судоходство соединяло отдаленные побережья, а порты были местами, где морские маршруты встречались с наземными путями, уходящими в сторону отдаленных от океана районов Африки, Европы и Азии. Индийский океан был разделен на три основные зоны влияния тогдашних держав. Западная – Аравийское море является арабской зоной. Центральная – это зона Индии. Восточное побережье океана вместе с китайскими морями – это китайская зона. Однако Джанет Абу-Луход подчеркивает, что система всегда оставалась полицентрической, и никогда один центр или держава не контролировала всю систему.

Следовательно, имеем ли мы дело с концом построенной европейцами всемирной капиталистической системы, где есть место только для одного центра, а формирующийся Новый Шелковый Порядок Мира имеет полицентрический характер, как тот с XIII века? Играет ли также Индийский океан центральную роль в новом порядке? Кирти Чаудхури представляет ключевую мировую роль Индийского океана от рождения Ислама до развития европейских колониальных держав. В свою очередь Андре Гундер Франк указывает на важную роль, которую сыграл Атлантический океан в создании европейскими колониальными державами новой капиталистической мировой системы, которая к Старому Свету присоединила Новое.

Однако в 1991 году Джанет Абу-Луход отмечает «смещение центра глобальной системы из Атлантического океана в Тихий океан». Джованни Арриги объясняет: «В 1980 году транстихоокеанская торговля начала превосходить трансатлантическую торговлю по стоимости». «Какую затем роль в Новом Шелковом Порядке Мира играют океаны? Роль центра соединений, путей все же выполняет Тихий океан или, может быть, Индийский океан? Или, может быть, роль центральной системы соединений, путей будет выполнять сухопутный Новый Шелковый Путь, соединяющий друг с другом отдаленные регионы и города Евразии и Африки?

Abu-Lughod, Janet; Before

Arrighi, Giovanni; The Long

Beck, Ulrich; Władza

Chaudhuri, Kirti; Trade

Cooper Ramo, Joshua; The Beijing

Doyle, Wright; Greater

Escobar, Pepe; U.S.

Fang, Changping; Comparison

Frank, Andre Gunder; Reorient

Guo, Sujian; Baogang Guo; Introduction

IES; The Silk

Jia, Wenshan; Chiglobalization

Kaczmarski, Marcin; Jedwabna

Nazemroaya, Mahdi Darius; Neither

Nazemroaya, Mahdi Darius; The Silk

Ni, Peimin, The underlying

Peyrouse, Sebastien; Building

Prigigine, Ilya; Isabelle Stengers; Z chaosu

Shenkar, Oded; The Chinese

Shi, Yinhong; The Roles

The Hans India; What

Yazıcı, Hayati; Turkey

Zepp-LaRouche, Helga; The New Silk Road Leads

Zakaria, Fareed; Post

Тавровский, Юрий; Новые

Литература[7]

A crucial feature of the China's crude oil maritime routes, South Front, 24.08.2015, https://southfront.org/china-crude-oil-maritime-routes/

Abu-Lughod, Janet; Before European hegemony. The world system A.D. 1250–1350, New York 1991

Acar, A. Zafer; Zbigniew Bentyn; Batuhan Kocaoğlu; Logistic performance development of the countries on the path along the new silk road, Research Gate, https://www.researchgate.net/publication/292059588_Logistic_performance_development_of_the_countries_on_the_path_along_the_new_silk_road

Advantour; http://www.advantour.com/uzbekistan/trains.htm

Albert, Eleanor; The Shanghai Cooperation Organization, Council on Foreign Relations, 14.10.2015, http://www.cfr.org/china/shanghai-cooperation-organization/p10883

Alderman, Liz; Port w Pireusie rozkwita po przejęciu przez Chińczyków, Vox Europ, 16.10.2012, http://www.voxeurop.eu/pl/content/article/2881051-port-w-pireusie-rozkwita-po-przejeciu-przez-chinczykow

Alexander, Harriet; World's longest train journey ends in Madrid, The Telegraph, 22.06.2014, http://www.telegraph.co.uk/news/worldnews/europe/spain/11284911/Worlds-longest-train-journey-ends-in-Madrid.html

Almaty Agreement; 25.11.2015, whc.unesco.org/document/139778

Analysis; 20.05.2015, http://www.jamestown.org/programs/edm/single/?tx_ttnews[tt_news]=43934&cHash=30f9f55ee09e00fc849b8d0e8572761b#.V0W8-iFO10Q

Andrea, Alfred J.; Scott C. Levi; The Silk Roads: Afro-Eurasian connectivity across the ages, George Modelski, Robert A. Denmnark (ed.), World System History, vol. I, 2009

Aneja, Atul; China developing soft-power infra along Silk Road, The Hindu, 8.05.2016, http://www.thehindu.com/news/international/china-developing-softpower-infra-along-silk-road/article8572831.ece

---

7   Если дата доступа в Интернет не указана, то это 11 августа 2016.

Aneja, Atul; Zhengzhou emerges a major hub along the New Silk Road, The Hindu, 22.12.2015, http://www.thehindu.com/news/international/zhengzhou-emerges-a-major-hub-along-the-new-silk-road/article8018810.ece

Arrighi, Giovanni; The long twentieth century. Money, power, and the origins of our times, London 2002

Arts & Humanities Research Council; The Silk Road: Contextualising a cultural journey through time, http://www.ahrc.ac.uk/research/casestudies/thesilkroad/

Asante, Molefi Kete; The history of Africa: The quest for eternal harmony, New York 2014

Asia Landmark Fund LTD; http://whalewisdom.com/filer/asia-landmark-fund-ltd

Asian Development Bank; http://www.adb.org/

Asian Development Bank; The New Silk Road. Ten years of the Central Asia Regional Economic Cooperation Program, Mandaluyong 2011

Asian Infractructure Investment Bank; http://www.aiib.org/

Asian Infrastructure Investment Bank; Introduction, http://euweb.aiib.org/html/aboutus/introduction/aiib/?show=0

Atlanta Travel; New route of Afrosiab high speed train Tashkent – Karshi, http://openuzbekistan.com/news/tashkent_karshi

Azaaroll, Augusto; An early history of horsemanship, Leiden 1985

Azerbaijan State News Agency; Eduard Shevardnadze: President of Azerbaijan Heydar Aliyev has great services in creating and developing of "Great Silk Way" Project, 17.09.2003, http://azertag.az/en/print/546677

Azerbaijans; History, http://www.azerbaijans.com/content_829_en.html

Aziz, Zeti Akhtar; Islamic Finance: The New Silk Road, http://www.bnm.gov.my/index.php?ch=en_speech&pg=en_speech_all&ac=244&lang=en

BAA Global Conference; https://globalconference.bocconialumni.it/en/program/index.html

Babayeva, Fatma; Azerbaijan, Georgia, Kazakhstan create railway consortium, Azernews, 14.04.2016, http://www.azernews.az/business/95155.html

Banerjee, Dipankar; China's One Belt One Road Initiative – An Indian perspective, Perspective. ISEAS 14, 2016

Bazo, Mariana; China and Peru agree to study transcontinental rail link, Reuters, 22.05.2015, http://www.reuters.com/article/us-china-latam-railway-idUSKBN0O802P20150523

BBC News; China to build new East Africa railway line, 12.05.2014, http://www.bbc.com/news/world-africa-27368877

BBC News; Is China-Pakistan 'silk road' a game-changer?, 22.04.2015, http://www.bbc.com/news/world-asia-32400091

BBC News; Nicaragua Congress approves ocean-to-ocean canal plan, 13.06.2013, http://www.bbc.com/news/world-latin-america-22899744

BBC News; US-made Tajik-Afghan bridge opens, 26.08.2007, http://news.bbc.co.uk/2/hi/asia-pacific/6964429.stm

BCIM Car Rally 2013; https://www.google.com/maps/d/viewer?mid=1SJU Do8ZVNDZhpiDARJBFOMz5ORk&hl=en_US

Beck, Ulrich; Władza i przeciwwładza w epoce globalnej. Nowa ekonomia polityki światowej, Warszawa 2005

Beijing Capital International Airport Co. Ltd.; http://en.bcia.com.cn/

Belgrade Meeting; Belgrade 2014, http://www.china-ceec-summit.gov.rs/doc/CHINA%20SEE%20SUMMIT%20Belgrade%20Meeting%20brochure%202014.pdf

Belt and Road Summit; http://www.beltandroadsummit.hk/en/information_centre/about_bars.html

Bi-Weekly Newsletter, International Law Office of Dr. Behrooz Akhlaghi & Associates 16, http://www.akhlaghi.net/wp-content/uploads/2015/02/Transit-Transport-Iran-its-Neighbouring-Countries-16th-Bi-Weekly-N-A-November-22-2014.pdf

Billington, Michael; Xi Jinping's New Silk Road: reviving Confucian culture, EIR, 10.04.2015, http://www.larouchepub.com/other/2015/4215xi_confucian_culture.html

Bińczyk, Beata; Inauguracja pociągu relacji Łódź-Xiamen (Chiny), Izba Celna w Łodzi, http://www.lodz.scelna.gov.pl/wiadomosci/aktualnosci/-/asset_publisher/vET0/content/inauguracja-pociagu-relacji-lodz-xiamen-chiny;jsessionid=29DC8C7D28377B1730D6FFF5 96305490?redirect=http%3A%2F%2Fwww.lodz.scelna.gov.pl%2Fst art%3Bjsessionid%3D29DC8C7D28377B1730D6FFF596305490%3 Fp_p_id%3D101_INSTANCE_he8D%26p_p_lifecycle%3D0%26p_p_ state%3Dnormal%26p_p_mode%3Dview%26p_p_col_id%3Dcolumn-1%26p_p_col_count%3D2

Bipul, Chatterjee; Singh Surendar; An Opportunity for India in Central Asia, The Diplomat, 4.05.2015, http://thediplomat.com/2015/05/an-opportunity-for-india-in-central-asia/

Bland, Daniel; China to back US$10bn Brazil-Peru railway project, BNAmericas, 13.05.2015, http://www.bnamericas.com/en/news/infrastructure/china-to-back-us10bn-brazil-peru-railway-project1

Blinova, Ekaterina; Gold Yuan. Post-Dollar World Order Emerging in Euroasia, Sputnik International, 15.09.2016, https://sputniknews.com/politics/201609151045341538-gold-yuan-china-dollar-eurasia/, 15.12.2016

Bondaz, Antoine; Rebalancing China's geopolitics, China Analysis, June 2015

Bradsher, Keith; Hauling new treasure along the Silk Road, The New York Times, 20.07.2013, http://www.nytimes.com/2013/07/21/business/global/hauling-new-treasure-along-the-silk-road.html?pagewanted=all&_r=0

Brugier, Camille; China's way: the New Silk Road, BRIEF. European Union Institute for Security Studies, nr 14, 2014

Brzeziński, Zbigniew; A Geostrategy for Euroasia, Foreign Affairs, September/October 1997, https://www.foreignaffairs.com/articles/asia/1997-09-01/geostrategy-eurasia

Burgen, Stephen; The Silk Railway: freight train from China pulls up in Madrid, The Guardian, 10.12.2014, https://www.theguardian.com/business/2014/dec/10/silk-railway-freight-train-from-china-pulls-into-madrid

Caranvanistan; Irkeshtam Pass: Osh-Kashgar, http://caravanistan.com/border-crossings/kyrgyzstan/irkeshtam-pass/

Caravanistan; Torugart Pass, http://caravanistan.com/border-crossings/kyrgyzstan/torugart-pass/

Caron, Pierre; China gets French wine in exchange for chemicals on first run by 'New Silk Road' train, Vice News, 21.04.2016, https://news.vice.com/article/china-gets-french-wine-in-exchange-for-chemicals-on-first-run-by-new-silk-road-train

CASA 1000; http://www.casa-1000.org/

Casey, Michel; Investors needed for Kyrgyz Hydropower Projects, The Diplomat, 20.01.2016, http://thediplomat.com/2016/01/investors-needed-for-kyrgyz-hydropower-projects/

CC.TV; Silk Road International Arts Festival opens in Xi'an, 09.16.2015, http://english.cntv.cn/2015/09/16/VIDE1442400121762292.shtml, 17.06.2017

Centre for Transport Strategies; New Silk Road's test train returns to Ukraine, 22.04.2016, http://en.cfts.org.ua/news/new_silk_roads_test_train_returns_to_ukraine

Chan, Vinicy; Silk Road Fund Said to Mull Bid for $2 Billion Glencore Mine; Bloomberg, 6.07.2016, https://www.bloomberg.com/news/articles/2016-07-06/silk-road-fund-said-to-weigh-offer-for-2-billion-glencore-mine, 12.01.2017

Chaudhuri, Kirti; Trade and civilisation in the Indian Ocean. An economic history from the rise of Islam to 1750, Cambridge 1985

Chen, Xiangming; Julia Mardeusz; China and Europe: Reconnecting across a New Silk Road, The European Financial Review, 10.02.2015, http://www.europeanfinancialreview.com/?p=4143

Cheng, Irene; The New Silk Road, Russia/China 1920/2004, 30–31, New York 2004

Cheng, Shuaihua; China's New Silk Road: Implications for the US, ICTSD, 1.06.2015, http://www.ictsd.org/opinion/china

Cheng, Yugang; Build China's soft power within the Context of Globalization, Guoji Guangcha, February 2007

Chernov, Vitaly; Russia's interests beyond 'silk' projects, Port News, 25.06.2015, http://portnews.ru/comments/print/1981/?backurl=/comments/

China; Xi'an, http://hua.umf.maine.edu/China/xian.html

China COSCO Holdings Company Limited; http://en.chinacosco.com/

China Daily, CPC communicates with the word for global economic governance, http://www.chinadaily.com.cn/china/2016-10/15/content_27071617.htm, 15.10.2016

China Daily; Chinese fund eyes Glencore's gold mine in Kazakhstan, 8.07.2016, http://www.china.org.cn/business/2016-07/08/content_38835273.htm

China Daily; Opening ceremony of 1st Silk Road International Arts Festival held in Xi'an, 14.09.2014, http://www.chinadaily.com.cn/culture/2014-09/14/content_18595072.htm

China Daily; Silk Road Cultural Journey launched in NW China, 21.09.2014, http://www.chinadaily.com.cn/culture/2014-09/21/content_18635089_2.htm

China Daily; Xinjiang eyes tourist boom with new airport, 2.08.2015, http://www.chinadaily.com.cn/china/60thxjannivesary/2015-08/02/content_21476711.htm

China Discovery; 8 Days Silk Road Tour with Chengdu Panda, http://www.chinadiscovery.com/china-tours-from-chengdu/silk-road-chengdu-panda.html

Chinese Government, China Council for International Cooperation on Environment and Development; 30.10.2013, Important Speech of Xi Jinping at Peripheral Diplomacy Work Conference, http://www.cciced.net/encciced/newscenter/latestnews/201310/t20131030_262608.html

China Heritage Newsletter; China Maritime Silk Road Museum 1, March, 2005, http://www.chinaheritagequarterly.org/articles.php?searchterm=001_maritimesilk.inc&issue=001

China Highlights; Maritime Silk Road, http://www.chinahighlights.com/travelguide/maritime-silk-road.htm

China Investments Research; Chinese overseas lending dominated by One Belt One Road strategy, http://www.chinainvestmentresearch.org/press/chinese-overseas-lending-dominated-by-one-belt-one-road-strategy/

China Knowlegde; The Shiji 史記 "Records of the [Grand] Scribe", http://www.chinaknowledge.de/Literature/Historiography/shiji.html

China Nonferrous Metal Mining; http://www.cnmc.com.cn/outlineen.jsp?column_no=1202

China Ocean Shipping Company; http://en.cosco.com/col/col764/index.html

China Overseas Holdings Limited; https://www.cohl.com/en/Page/list/94.html

China Overseas Ports Holding Company Pakistan (Pvt.) Ltd.; http://cophcgwadar.com.192-185-11-8.secure19.win.hostgator.com/

Chinese Turkestan; Encyclopaedia Iranica, http://www.iranicaonline.org/articles/chinese-turkestan-ii

Clinton, Hillary Rodham; Remarks on India and the United States: A vision for the 21st Century, http://www.state.gov/secretary/20092013clinton/rm/2011/07/168840.htm

Clover, Charles; Lucy Hornby; China's great game: Road to a new empire, The Big Read. Financial Times, http://www.ft.com/intl/cms/s/2/6e098274-587a-11e5-a28b-50226830d644.html#axzz49UHBILYi

CNTO, Silk Road; China like never before, http://www.cnto.org/journeys/silk-road/

Coase, Ronald; The market for goods and the market for ideas, The American Economic Review, vol. 64 2, 1974

Coburn, Leonard L.; Central Asia: Pipelines Are the New Silk Road; https://www.iaee.org/en/publications/newsletterdl.aspx?id=113, 12.01.2017

Cohen, David; China's 'second opening': Grand ambitions but a long road ahead, China Analysis, 2005, June

Cole, Juan; The Chinese are coming: First 'New Silk Road' train reaches Iran's capital, Informed Commend, 17.02.2016, http://www.juancole.com/2016/02/the-chinese-are-coming-first-new-silk-road-train-reaches-irans-capital.html

Consortium Chemico; http://www.chemico-group.com/index.php?option=com_content&view=article&id=566&Itemid=136 http://www.silkroadfund.com.cn/enwap/27363/index.html

Cooper Ramo, Joshua; The Beijing Consensus: Notes on the physics of Chinese nature, London 2004

Cooperation between China and Central and Eastern European Country; 22.06.2016, http://www.china-ceec.org/eng/

Covington, Richard; Heards of the New Silk Roads, Aramco World, vol. 59 1, 2008, http://archive.aramcoworld.com/issue/200801/hearts.of.the.new.silk.roads.htm

Daily News; Marmaray tunnel paves way for 'Iron Silk Road', 29.10.2013, http://www.hurriyetdailynews.com/marmaray-tunnel-paves-way-for-iron-silk-road.aspx?pageID=238&nID=56995&NewsCatID=345

Daly, John C.K.; China and Kazakhstan to construct a Trans-Kazakhstan Railway Line From Khorgos to Aktau, Global Research and Analysis, 20.05.2015, http://www.jamestown.org/programs/edm/single/?tx_ttnews%5Btt_news%5D=43934&cHash=30f9f55ee09e00fc849b8d0e8572761b#.V7XHlxK1B0Q

Davis, Jonathan; Trio sign up for Turkmen gas, upstream, 25.04.2008, http://www.upstreamonline.com/live/article1156011.ece

DB Schenker; https://www.dbschenker.com/global/about/profile

DB Schenker; DB Schenker starts first freight train from Hamburg to Zhengzou, http://www.logistics.dbschenker.at/log-at-en/news-media/news/8198260/20140903-china-hamburg-train.html

Dehghan, Saeed Kamali; China's Silk Road revival steams ahead as cargo train arrives in Iran, The Guardian, 15 Feb., 2016, https://www.theguardian.com/business/2016/feb/15/chinas-silk-road-revival-steams-ahead-as-cargo-train-arrives-in-iran.

Devirupa, Mitra; With Chabahar text finalised, India's dream of a road to Afghanistan gathers speed, The Wire, 13.04.2016, http://thewire.in/29174/with-chabahar-text-finalised-indias-dream-of-a-road-to-afghanistan-gathers-speed/

Diálogo Chino; The Transcontinental Railroad, http://dialogochino.net/the-twin-ocean-railroad/

Dollar, David; China's rise as a regional and global power: The AIIB and the 'one belt, one road', Brookings, Summer, 2015, http://www.brookings.edu/research/papers/2015/07/china-regional-global-power-dollar

Douglas, Rachel; Michael Billington; Helga Zepp-Larouche; The New Silk Road becomes The World Land-Bridge. EIR Special Report, 2014

Doyle, G. Wright; Greater China in an era of globalization. Review, Chinese Society & Politics, 20.11.2012, http://www.globalchinacenter.org/analysis/chinese-society-politics/

Dubai Airports; http://www.dubaiairports.ae/

Dubai International Financial Centre; https://www.difc.ae/public-register/new-silk-road-company-ltd

Dubé, François; China's experiment in Djibouti; The Diplomat, 5.10.2016, http://thediplomat.com/2016/10/chinas-experiment-in-djibouti/, 6.12.2016

Dudała, Jerzy; Wielki potencjał wpółpracy na linii Europa-Chiny, wnp.pl, 23.04.2015, http://logistyka.wnp.pl/wielki-potencjal-wspolpracy-na-linii-europa-chiny,248928_1_0_0.html

Dworakowska, Katarzyna; Port morski Hong Kong, Seaoo, 12.08.2015, https://www.seaoo.com/blog/port-morski-hong-kong/

Dyussembekova, Zhazira; Silk Road renewed with launch of new commercial transit route, The Astana Times, 21.01.2016,

http://astanatimes.com/2016/01/silk-road-renewed-with-launch-of-new-commercial-transit-route/

dziennik.pl; Uzbecka kolej lepsza od polskiej, 30.08.2011, http://wiadomosci.dziennik.pl/swiat/artykuly/353477,uzbecka-kolej-lepsza-od-polskiej.html

East Time; Uzbekistan to launch A High-Speed Train "Tashkent – Bukhara", 20.04.2016, http://easttime.info/news/uzbekistan/uzbekistan-launch-high-speed-train-tashkent-bukhara

Ekman, Alice; China: reshaping the global order?, Alert. ISS EU 29, 24.07.2015, http://www.iss.europa.eu/publications/detail/article/china-reshaping-the-global-order/

Encyclopaedia Iranica; Chinese Turkestan in pre-Islamic times, http://www.iranicaonline.org/articles/chinese-turkestan-ii

Engdahl, F. William; China's New Roads to Russia, New Eastern Outlook, 28.05.2015, http://journal-neo.org/2015/05/28/china-s-new-roads-to-russia/

Engdahl, F. William; China Quietly Prepares Golden Alternative to Dollar System; NEO. New Eastern Outlook, 18.05.2016, http://journal-neo.org/2016/05/18/china-quietly-prepares-golden-alternative-to-dollar-system/, dostep: 15.12.2016

Escobar, Pepe; U.S. Wakes up to "New (Silk) World Order", Asia Times, 15.05.2015, http://atimes.com/2015/05/u-s-wakes-up-to-new-silk-world-order/

Eurasian Business Briefing; New Silk Road transport route opens between Harbin and Ekaterinburg, 5.03.2016, http://www.eurasianbusinessbriefing.com/new-silk-road-transport-route-opens-harbin-ekatrinburg/

Euroasian Econiomic Union; http://www.eaeunion.org/?lang=en#info

EuroBelarus; As the binational industrial park near Minsk enters a new development stage, problems remain, 30.12.2015, http://en.eurobelarus.info/news/economy/2015/12/30/as-the-binational-industrial-park-near-minsk-enters-a-new.html

Fallon, Theresa; The New Silk Road: Xi Jinping's grand strategy for Euroasia, American Foreign Policy Interests 37

Fang, Changping; Comparison of Chinese and U.S. soft power and its implications for China, Shijie Jingji Yu Zhengzhi, 1.07.2007

Fedorenko, Vladimir; The New Silk Road initiatives in Central Asia, Rethinking Paper 10, August 2013

Forest, Dave; Prime Meridians: A Journey Along Copper's New Silk Road; Pierce Points, 31.10.2015, http://piercepoints.com/prime-meridians-a-journey-along-coppers-new-silk-road/, 12.01.2017

Forrest, Brett; The New Silk Road, National Geographic, July 2016, http://ngm.nationalgeographic.com/2010/08/new-silk-road/forrest-text

Forss, Pearl; Anthony Morse; China's New Silk Road, Channel News Asia, 3.10.205, http://www.channelnewsasia.com/news/asiapacific/in-pictures-china-s-new/2167304.html

Forum Regionalne Polska-Chiny; Tomasz Grzelak, http://www.polskachiny.lodzkie.pl/prelegenci/item/53-tomasz-grzelak/53-tomasz-grzelak

Four Seasons Hotel Dubai International Financial Centre; http://www.fourseasons.com/dubaidifc/

Frank, Andre Gunder; Reorient. Global economy in the Asian age, Berkeley 1998

FrankWaterloo; New Silk Road started from China to Germany, Ukriane, Turkey, France..., https://frankwaterloo.wordpress.com/2016/04/07/new-silk-road-started-from-china-to-germany-ukriane-turkey-france/

Frąk, Michał; Polak na Jedwabnym Szlaku, http://wyborcza.biz/biznes/1,147752,19399385,polak-na-jedwabnym-szlaku-pekin-chce-by-pociagi-do-chin-jezdzily.html?disableRedirects=true

Fremde Impulse; The city wall provides protection for merchants from near and far, https://www.lwl.org/LWL/Kultur/fremde-impulse/die_impulse/Impuls-Duisburg-Handel-Mittelalter/?lang=en

Gasimli, Vusal; The New Baku International Seaport: A nexus for the New Silk Road, Global Research and Analysis, 2.10.2015, http://www.jamestown.org/single/?tx_ttnews[tt_news]=44442&tx_ttnews[backPid]=7&cHash=2ba96fa4dd2f20e18e98cb681e3c64e6#.V0MHBSFO10Q

Ge, Huang; Xiamen trade fair to focus on development of 'Belt and Road', Global Times, 21.08.2015, http://www.globaltimes.cn/content/936817.shtml

Gegeshidze, Archil; The New Silk Road: A Georgian perspective, http://sam.gov.tr/wp-content/uploads/2012/02/ Archil Gegeshidze.pdf

Geodis; Euroasia Rail Network, http://www.geodiswilson.com/PageFiles/ 25727/2015_Geodis_Nordics_Rail_service.pdf

Gilad, Uri; Marika Vicziany; Xuan Zhu; At the heart of the Silk Road: the cultural heritage of Kashgar, Antiquity, http://antiquity.ac.uk/projgall/ gilad321/

Glaser, Bonnie S.; Melissa E. Murphy; Soft power with Chinese characteristics, CSIS, 10.03.2009, https://www.csis.org/analysis/soft-power-chinese-characteristics

Global Forum Baku 2016; http://baku.unaoc.org/session_title/networking-session-the-new-silk-road-a-route-of-peace/

Glosserman, Brad; China's smile diplomacy, South China Morning Post, 1.04.2004, http://www.scmp.com/article/450592/chinas-smile-diplomacy

Godement, François; Introduction, China Analysis, June, 2015, http:// www.ecfr.eu/page/-/China_analysis_belt_road.pdf

Golden Eagle Luxory Trains; Silk Road, http://www.goldeneagleluxurytrains. com/journeys/silk-road/eastbound/

Golden Eagle Luxury Trains; http://www.goldeneagleluxurytrains.com/

Gonzales, Iris C.; Philippines seen to benefit from China's New Silk Road, The Philippine Star, 11.01.2016, http://www.philstar.com/ business/2016/01/11/1541307/philippines-seen-benefit-chinas-new-silk-road

Goñi, Uki; Argentinian congress approves deal with China on satellite space station, The Guardian, 26.02.2015, https://www.theguardian. com/world/2015/feb/26/argentina-congress-china-satellite-space-station, 9.09.2016

Good Hope Logistics; Freight train schedules from Zhengzhou China to Europe, https://www.goodhopefreight.com/info/logistics-knowledge/ freight-train-schedules.html

Grand Valley State University; Peimin Ni, https://www.gvsu.edu/philosophy/ peimin-ni-22.htm

Grieger, Gisela; Nicaragua: The Chinese inter-ocean canal project, At a glance. European Parliament, Maj 2015, http://www.europarl.europa.eu/ RegData/etudes/ATAG/2015/556980/EPRS_ATA%282015%29556980_ EN.pdf

Gruszczyński, Bartosz; Chińskie miasto w centrum Białorusi – park przemysłowy „Wielki Kamień", Państwo Środka, 2.03.2016, http://panstwosrodka.pl/2016/03/02/chinskie-miasto-w-centrum-bialorusi-park-przemyslowy-wielki-kamien/

Guo, Sujian; Baogang Gou; Introduction, Sujian Guo, Baogang Guo (ed.), Greater China in an era of globalization, Lanham 2010

Gurt, Marat; Olzhas Auyezov; Katya Golubkova; Jane Merriman; Turkmenistan starts work on gas link to Afghanistan, Pakistan, India, Reuters, 13.12.2015, http://uk.reuters.com/article/turkmenistan-gas-pipeline-idUKKBN0TW05Q20151213

Guzek, Paweł; Sangtuda -2 ponownie produkuje energię elektryczną, http://tadzykistan.info/prasa-mainmenu-9/1074-sangtuda-2-ponownie-produkuje-energie-elektryczn

Gücüyener, Ayhan; Alyat Port: A key component for the 'Revival of the Silk Road', Hazar Strateji Enstitüsü, 10.10.2014, http://www.hazar.org/blogdetail/blog/alyat_port_a_key_component_for_the_%E2%80%98revival_of_the_silk_road%E2%80%99_914.aspx

Harold, Frank; Herat, Silk Road Seatle Project, https://depts.washington.edu/silkroad/cities/afghanistan/herat.html

Hatrans Logistics; http://www.hatrans.pl/

Hatrans Logistics; Train China to Lodz, http://www.hatrans.pl/en/rail.html

Hatrans Logistics; New Silk Road. Fastest connection China-Europa, http://www.polskachiny.lodzkie.pl/files/3.pdf

Hawser, Anita; Financing New Silk Road, Global Finance, November 2013, http://www.efa-group.net/assets/news/Global_Finance_IslamicTF_Report.pdf

HKTDC; Belt and Road Summit, 18 may 2016, Hong Kong, http://beltandroad.hktdc.com/en/index.aspx

HKTDC; What is Belt and Road Initiative, http://beltandroad.hktdc.com/en/about-the-belt-and-road-initiative/about-the-belt-and-road-initiative.aspx

HKTDT Research; The Belt and Road Initiative, 21.01.2016, http://china-trade-research.hktdc.com/business-news/article/One-Belt-One-Road/The-Belt-and-Road-Initiative/obor/en/1/1X000000/1X0A36B7.htm

Hodge, Adam; Karakoram Highway: China's treacherous Pakistan corridor, The Diplomat, 30.07.2013, http://thediplomat.com/2013/07/karakoram-highway-chinas-treacherous-pakistani-corridor/

Hogg, Rachael; China conference: New Silk Road gets back on the rails, Automotive Logistics, 20.04.2016, http://automotivelogistics.media/news/china-conference-new-silk-road-gets-back-on-the-rails

Hołdys, Andrzej; Kanał Nikaraguański, Wiedza i Życie, 21.11.2013, http://www.wiz.pl/8,1421.html

Hope, Kerin; Greece sells controlling stake in Piraeus port, Financila Times, 8 April 2016, https://www.ft.com/content/895aac42-fd98-11e5-b5f5-070dca6d0a0d?mhq5j=e2

Hu, Angang; Harmony is also the last word; it has become China's greatest power, Zhongguo Xinwen She, 12.10.2016

Hu, Jian; China's responsibilities and the road of peaceful development, Xiandai Guoji Guanxi, 20.07.2007

Hu, Jintao; Full text of Hu Jintao's Report to the 17th Party Congress, Xinhua, 24.10.2008, http://news.xinhuanet.com/english/2007-10/24/content_6938749.htm

Hu Jintao's Report at 18th Party Congress; Voltaire Network, 17.11.2012, http://www.voltairenet.org/article176641.html

Huang, Flora; Yiwu Market survival guide – China, HG.org Legal Sources, http://www.hg.org/article.asp?id=30200

IES; The Silk Road, The New World Order and EU-China Relations, www.ies.be/node/3372

INOMISC; International Silkroad Congress, 30.10.2013, https://inomics.com/international-silkroad-congress-10-actr-conference-istanbul

Institute of Chinese Studies; Bangladesh-India-China-Myanmar Forum, http://www.icsin.org/bangladesh-india-china-myanmar-forum

International North-South Transport Corridor; http://www.instc-org.ir/Pages/Home_Page.aspx

Islamic Development Bank; http://www.isdb-pilot.org/

Islamic Development Bank; Aid for trade case story: Silk Road Project Azerbaijan, https://www.oecd.org/aidfortrade/47720787.pdf

Islamic Development Bank; Silk Road Project Azerbaijan, https://www.oecd.org/aidfortrade/47720787.pdf

Islamic Development Bank Group; Special Program for Central Asia, http://www.isdb-am41.org/wp-content/uploads/2016/05/SPCA-Final-Document.pdf

Istanbul Ataturk Airport; http://www.ataturkairport.com/en-EN/Pages/Main.aspx

JCtransnet; Best freight rate from Shanghai to Hamburg, http://www.jctrans.net/Freightshow/details-2015.html

Jędrzejczak, Agnieszka; Pierwszy pociąg z Łodzi do Xiamen. Nowe połączenie z Chinami, Nasze Miasto, 27.08.2015, http://lodz.naszemiasto.pl/artykul/pierwszy-pociag-z-lodzi-do-xiamen-nowe-polaczenie-z-chinami,3490884,artgal,t,id,tm.html

Jia, Qingguo; One Belt, One Road: Urgent clarifications and discussions of a few major questions, Renmin Luntan, 19.03.2015

Jia, Wenshan; Chiglobalization? A cultural argument, Guo, Sujian; Baogang Guo (ed.), Greater China in an Era of Globalization, Lanham 2010

Johnson, Keith; In odyssey for Chinese, Greece sells its fabled Port of Piraeus, Foreign Policy, 8.04.2016, http://foreignpolicy.com/2016/04/08/in-odyssey-for-chinese-greece-sells-its-fabled-port-of-piraeus/

Jones, William; Zepp-LaRouche presents EIR's New Silk Road Report at Beijing Symposium, New World Land Bridge, 6.10.2015, https://worldlandbridge.com/2015/10/06/zepp-larouche-presents-eirs-new-silk-road-report-at-beijing-symposium/

Kaczmarski, Marcin; Jedwabna globalizacja. Chińska wizja ładu międzynarodowego, Punkt Widzenia, nr 60, 2016, https://www.osw.waw.pl/sites/default/files/pw_60_pl_jedwabna_globalizacja_net.pdf

Kaczmarski, Marcin; Nowy Jedwabny Szlak: uniwersalne narzędzie chińskiej polityki, Ośrodek Studiów Wschodnich, http://www.osw.waw.pl/pl/publikacje/komentarze-osw/2015-02-10/nowy-jedwabny-szlak-uniwersalne-narzedzie-chinskiej-polityki

Kakar, Javed Hamim; President Ghani arrives to red-carpet welcome in Baku, Pajhwok Afghan News, 22.12.2015, http://www.pajhwok.com/en/2015/12/22/president-ghani-arrives-red-carpet-welcome-baku

Kaliński, Adam; Na nowy Jedwabny Szlak Chiny dają na początek 40 mld dol., Obserwator Finansowy, 27.01.2015, https://www.obserwatorfinansowy.pl/tematyka/makroekonomia/na-nowy-jedwabny-szlak-chiny-daja-na-poczatek-40-mld-dol/

Kamalova, Gyuzel; Tatyana Kuzmina; New transportation opportunities for Trans-Caspian Route: Nomad express container train welcomed in Baku, Tengrinews, 10.08.2015, https://en.tengrinews.kz/industry_infrastructure/New-transportation-opportunities-for-Trans-Caspian-Route-261459/

Kamrany, Nake M.; China's new world order: Sharing global prosperity through connectivity of the Silk Route countries, The World Post, 3.06.2015, www.huffingtonpost.com/nake-m-kamrany

Kane, Frank; New Silk Road can smooth Dubai's path to top role in finance, The National Business, 18.04.2012, http://www.thenational.ae/business/industry-insights/economics/new-silk-road-can-smooth-dubais-path-to-top-role-in-finance

Kaz Minerals, Aktogay, http://www.kazminerals.com/en/operations/aktogay, 6.12.2016

KazWorldInfor; Trade Zone opens at Alaw Pass, http://kazworld.info/?p=5249,: 12.10.2016

Keim, Anna Beth; Sulmaan Khan; Can China and Turkey build a New Silk Road?, Yale Global, 18 January 2013, http://yaleglobal.yale.edu/content/can-china-and-turkey-forge-new-silk-road, 8.09.2016

Kenya Airports Authority; Nairobi – Jomo Kenyatta International Airport-NBO, http://www.kaa.go.ke/airports/nairobi-jomo-kenyatta-intl-airport

Kielstra, Paul; The New Silk Road: Afro-Eurasian investment, Global Financial Institute Deutsche Bank, November 2014

Kim, Se-jeong; S. Korea revives ancient Silk Road, People, 23.09.2008, http://www.koreatimes.co.kr/www/news/people/2016/05/178_31538.html

King, Mike; DB Schenker launches eastbound Europe-China rail option, Lloyd's Loading List, http://www.lloydsloadinglist.com/freight-directory/rail/DB-Schenker-launches-eastbound-Europe-China-rail-option/1682.htm#.Vz2UqCFO10Q

Kolej Transsyberyjska; Jekaterynburg; http://www.kolejtranssyberyjska.pl/stacja-jekaterynburg

Korybko, Andrew; China's New Silk Road stretches to South America, Emerging Equity, 22.05.2015, https://emergingequity.org/2015/05/22/chinas-new-silk-road-stretches-to-south-america/

Korybko, Andrew; The Silk Road stretches to South America, Oriental Review, 20.05.2015, http://orientalreview.org/2015/05/20/the-silk-road-stretches-to-south-america/

Kosolapova, Elena; Kazakhstan-China pipeline starts operating at full capacity, trend news agency, 1.12.2015, http://en.trend.az/business/energy/2462953.html

Kouros, Alexis; The New Silk Road, Helsinki Times, 10.11.2015, http://www.helsinkitimes.fi/world-int/world-news/international-news/13608-the-new-silk-road.html

Koutantou, Angeliki; Brenda Goh; After Piraeus Port, China's COSCO eyes Greek trains to build Europe hub – sources, Reuters, 5.02.2016, http://www.reuters.com/article/greece-china-port-idUSL8N14X17R

Kozak, Michał; Ukraine joints The Silk Road, Central European Financial Observer, 16.02.2016, http://www.financialobserver.eu/cse-and-cis/ukraine/ukraine-joins-the-silk-road/

Kratz, Agatha; China's AIIB: A triumph in public diplomacy, China Analysis, June 2015

Kucera, Joshua; The New Silk Road? The Diplomat, 11.11.2011, http://thediplomat.com/2011/11/the-new-silk-road/

Kucera, Joshua; U.S.: We're for The New Silk Road – if it bypasses Iran, EurAsiaNet, 29.03.2012, http://www.eurasianet.org/node/65200

Kundu, Shohini; The New Silk Road: For the riches or the wretches?, The Huffington Post, 30.06.2015, http://www.huffingtonpost.com/shohini-kundu/the-new-silk-road-for-the_b_7692688.html

Kyle, Wang; Chengdu; China-Britain Business Council, http://www.cbbc.org/about-us/other/cbbc-cities/cbbc-city-chengdu/

Kunge, James; How the Silk Road plans will be financed, Financial Times, 9.05.2016, https://www.ft.com/content/e83ced94-0bd8-11e6-9456-444ab5211a2f, 12.01.2017

Kuriakose, Joy; Project 'Mausam'- Mausam/ Mawsim; http://ignca.nic.in/mausam.htm

La Gaceta. Dario Oficial; nr 16, Managua, Acuerdo Marco de Concesión e Implementación con Relación a El Canal de Nicaragua y Proyectos de Desarro, http://legislacion.asamblea.gob.ni/SILEG/Gacetas.nsf/0/f1e cd8f640b8e6ce06257b8f005bae22/$FILE/Ley%20No.%20840.%20 Contrato%20en%20ingl%C3%A9s.pdf

Lee, Brianna; China, Brazil, Peru Eye Transcontinental Railway Megaproject, International Business Times, 5.19.2015, http://www.ibtimes.com/china-brazil-peru-eye-transcontinental-railway-megaproject-1930003

Lee, Eddie; Hong Kong businesses warm to New Silk Road initiatives, South China Morning Post, 20.04.2015, http://www.scmp.com/news/hong-kong/economy/article/1771641/hong-kong-businesses-warm-new-silk-road-initiatives

Lee, Victor Robert; China Builds Space-Monitoring Base in the Americas, The Diplomat, 24.05.2016, http://thediplomat.com/2016/05/china-builds-space-monitoring-base-in-the-americas/, 9.09.2016

Leer, Yeroen van der; Joshua Yau; China's new silk route. The long and winding road, PWC's Growth Market Centre, February 2016

Levchenko, Anastasia; Kenya to reap rewards as trade hub in China's One Belt, One Road Initiative, Sputnik News, 16.12.2015, http://sputniknews.com/business/20151216/1031859601/kenya-china-trade.html

Levin, Dan; Silk Road market caters to lovers of acceleration, handling and plumage, The New York Times, 15.02.2016, http://www.nytimes.com/2016/02/16/world/asia/china-xinjiang-uighur-pigeons.html?_r=0

Li, Yu; Chao Peng; Yining Peng; Chengdu attractive to international businesses, China Daily, 10.03.2015, http://www.chinadaily.com.cn/china/2015-03/10/content_19765330.htm

Lin, Christiana; The New Silk Road, Policy Focus, April 2011, The Washington Institute for Near East Policy

Lin, Yustin Yifu, China's Silk Road Vision, Project Sindicate, 21.01.2016, https://www.project-syndicate.org/onpoint/china-maritime-silk-road-economic-belt-by-justin-yifu-lin-2016-01?barrier=true

Lin, Yustin Yifu; Industry transfer to Africa good for all, China Daily, 20.01.2015, http://usa.chinadaily.com.cn/epaper/2015-01/20/content_19357725.htm

Liu, Jing; The ancient city takes a new route along the Silk Road, China Daily, 18.09.2015, http://www.chinadaily.com.cn/china/60thxjannivesary/2015-09/18/content_21911982.htm

Liu, Yunshan; Hold High the banner of Advanced Culture, Renmin Ribao, 11.12.2002

Lolos, Marios; Spotlight: COSCO's acquisition of Greek Piraeus Port to further contribute to local economy, Xinhuanet, 8.04.2016, http://news.xinhuanet.com/english/2016-04/09/c_135263687.htm

Ma, Junjie; The New Silk Road and the power of ideas, The Diplomat, 10.02.2015, http://thediplomat.com/2015/02/the-new-silk-road-and-the-power-of-ideas/

Maasdorp, Leslie; What is 'new' about the New Development Bank? World Economic Forum, 26.10.2015, https://www.weforum.org/agenda/2015/08/what-is-new-about-the-new-development-bank/, 12.01.2017

MacDowall, Andrew; China looks to Europe – through the Balkans, Financial Times. Blogs, 19.12.2014, http://blogs.ft.com/beyond-brics/2014/12/19/china-looks-to-europe-through-the-balkans/

Macau Hub; China Construction Hyway delivers Moçâmedes railway reconstruction project in Angola, 14.09.2015, http://www.macauhub.com.mo/en/2015/09/14/china-construction-hyway-delivers-mocamedes-railway-reconstruction-project-in-angola/, 9.09.2016

Mackinder, Halford John; The geographical pivot of history, The Geographical Society, vol. 234, 1904

Maersk; http://www.maersk.com/en

Magnuszewska, Agnieszka; Łódź – Chiny. Pociągi cargo do Chengdu z towarami z regionu, Nasze Miasto, 19.08.2015, http://lodz.naszemiasto.pl/artykul/lodz-chiny-pociagi-cargo-do-chengdu-z-towarami-z-regionu,3483522,art,t,id,tm.html

Magnuszewska, Agnieszka; Pociągi Chengdu – Łódź. Z Chin przyjechało już 30 tys. ton towarów, Dziennik Łódzki, 22.12.2014, http://www.dzienniklodzki.pl/artykul/3692610,pociagi-chengdu-lodz-z-chin-przyjechalo-juz-30-tys-ton-towarow,id,t.html

Magnuszewska, Agnieszka; W kwietniu odjedzie pierwszy towarowy pociąg z Łodzi do chińskiego Chengdu, Nasze Miasto, 28.03.2014, http://lodz.naszemiasto.pl/artykul/w-kwietniu-odjedzie-pierwszy-towarowy-pociag-z-lodzi-do,2214686,art,t,id,tm.html

Makinen, Julie; Violet Law; China's bold gambit to cement trade with Europe--along the ancient Silk Road, Los Angeles Times, 1.05.2016, http://www.latimes.com/world/asia/la-fg-china-silk-road-20160501-story.html

Mertens, Matthias; Along the New Silk Road, 1.04.2016, https://newoldsilkroad.wordpress.com/2016/04/01/xiamen/

Meyer, Eric; With oil and gas pipelines, China takes a shortcut through Myanmar, Forbes, 9.02.2015, http://www.forbes.com/sites/ericrmeyer/2015/02/09/oil-and-gas-china-takes-a-shortcut/#2bc303e22d40, 11.10.2016

Mining Technology, Aktogay Copper Mine, http://www.mining-technology.com/projects/aktogay-copper-mine/, 6.12.2016

Ministry of Foreign Affairs of the People's Republic of China; Foreign Minister Wang Yi answers journalists' question on China 's diplomacy, foreign policy and foreign relations, 8.03.2015

Ministry of Foreign Affairs of the People's Republic of China; President Xi Jinping delivers important speech and proposes to build a Silk Road Economic Belt with Central Asian Countries, 7.09.2013, http://www.fmprc.gov.cn/mfa_eng/topics_665678/xjpfwzysiesgjtfhshzzfh_665686/t1076334.shtml

Mirror; Bigger than the shard: Watch the world's largest container ship dock in the UK, 7.01.205, http://www.mirror.co.uk/news/uk-news/bigger-shard-watch-worlds-largest-4937045

Mission of the People's Republic of China to the UN; 4.03.2014, The Silk Road – From Past to the Future, http://www.china-un.org/eng/gyzg/t1134206.htm

Molavi, Afshin; Five ways the 'New Silk Road' could transform the global economy, Credit Suisse, 27.11.2015, https://www.credit-suisse.com/us/en/articles/articles/news-and-expertise/2015/11/en/five-ways-the-new-silk-road-could-transform-the-global-economy.html

Morgan Philips; Aviation "new silk road" set to become a leader for Gulf growth; http://www.morganphilipsexecutivesearch.com/blog/aviation-new-silk-road-set-to-become-a-leader-for-gulf-growth/

Moritz, Rudolf; One Belt, One Road: The Silk Road, Mercator Institute for China Studies, December 2015, http://www.merics.org/en/merics-analysis/infographicchina-mapping/china-mapping.html

Moss, Chris; Silk Road: Trip of a lifetime, The Telegraph, 1.09.2014, http://www.telegraph.co.uk/travel/destinations/asia/articles/Silk-Road-Trip-of-a-Lifetime/

Możdżyński, Bogdan; Chiński sen Tomasza Grzelaka, Forbes, 23.03.2016, http://www.forbes.pl/chinski-sen-tomasza-grzelaka,artykuly,202996,1,1.html#

Municipalidad Provincial De Ilo; http://www.mpi.gob.pe/

Na kolei; Nowy Bursztynowy Szlak, 12.11.2015, http://www.nakolei.pl/component/k2/item/5642-nowy-bursztynowy-szlak, 11.11.2016

National Development and Reform Commission People's Republic of China; http://en.ndrc.gov.cn/

National Development and Reform Commission People's Republic of China; Vision and Actions on Jointly Building Silk Road Economic Belt and 21st-Century Maritime Silk Road, 28.03.2015, http://en.ndrc.gov.cn/newsrelease/201503/t20150330_669367.html

Nazemroaya, Mahdi Darius; Neither greater Asia nor greater Europe: America's «chaos» versus a Silk World Order, Strategic Culture Foundation Online Journal, http://www.strategic-culture.org/news/2015/07/03/neither-greater-asia-nor-greater-europe-america-chaos-versus-silk-world-order.html

Nazemroaya, Mahdi Darius; The Silk World Order, Modern Diplomacy, 14.07.2015, http://moderndiplomacy.eu/index.php?option=com_k2&view=item&id=847:the-silk-world-order&Itemid=490

New archaeological discovery confirms the long history of UAE civilization in West Abu Dhabi, UAE Interact, 2.03.2009, http://www.uaeinteract.com/docs/New_archaeological_discovery_confirms_the_long_history_of_UAE_civilization_in_West_Abu_Dhabi/34558.htm

New China; "One Belt One Road" initiative achieves series of important early-stage harvest, 22.05.2016, http://news.xinhuanet.com/english/2016-05/22/c_135379044.htm

New Development Bank; Changing The Course of Development; http://www.ndb.int/our-purpose.php, 12.01.2017

New Silk Roads; http://www.newsilkroads.org/

New Silk Road Company Ltd.; https://www.difc.ae/public-register/new-silk-road-company-ltd

New Silk Road Group; http://www.hktdc.com/manufacturers-suppliers/New-Silk-Road-Group-Ltd/en/1X052D5S/

New Silk Road Institute Prague; http://nsrip.org/cs/, 21.12.2016

New Silk Road Investment; http://www.nsr.com.sg/html/home.html

News of The Communist Party of China; http://english.cpc.people.com.cn/

Ni, Peimin; The underlying philosophy and impact of the New Silk Road World Order, WPD Dialogue of Civilizations, 16.10.2015, http://www.

wpfdc.org/blog/politics/19534-the-underlying-philosophy-and-impact-of-the-new-silk-road-world-order

Nogaj, Wioletta; Kolejny śmiały chiński projekt, Co słychać w biznesie, 24.05.2015, http://www.coslychacwbiznesie.pl/biznes/kolejny-smialy-chinski-projekt

Noori, Lailuma; New transit routes pave way for trade, The Kbul Times, 5.06.2016, http://thekabultimes.gov.af/index.php/opinions/politics/10790-new-transit-routes-pave-way-for-trade.html

Nuttall, Clare; Building the new Silk Road, Khorgos, December 2012, http://www.mcps-khorgos.kz/en/smi-review/building-new-silk-road

Nye, Joseph S.; The rise of China's soft power, Wall Street Journal, 29.12.2005

Outline of the National 11th Five Year Plan Period Cultural Development Plan, China Copyright and Media, 13.09.2006, https://chinacopyrightandmedia.wordpress.com/2006/09/13/outline-of-the-national-11th-five-year-plan-period-cultural-development-plan/

Pannier, Bruce; How far will China go in Central Asia?, Radio Free Europe, 8.06.2015, http://www.rferl.org/content/qishloq-ovozi-chinese-influence-growing-roundtable/27060377.html

Parke, Phoebe; Kenya's $13 billion railway project is taking shape, CNN, 16.05.2016, http://edition.cnn.com/2016/05/15/africa/kenya-railway-east-africa/

Partridge, Ben; Georgia: Shevardnadze to host Silk Road Conference, Radio Free Europe, 9.06.1998, http://www.rferl.org/content/article/1088808.html

Patton, Dominique; Xinjiang cotton at crossroads of China's new Silk Road, Reuters, 11.01.2016, http://www.reuters.com/article/us-china-xinjiang-cotton-insight-idUSKCN0UQ00320160112

People.cn; Xinjiang's Koktokay National Geopark in most beautiful season, 10.05.2013, http://en.people.cn/205040/8239497.html

People's Daily; Of the new Silk Road, http://en.people.cn/102775/310175/310176/index.html

Peyrouse, Sebastien; Building a New Silk Road? Central Asia in the New World Order, Origins, http://origins.osu.edu/article/building-new-silk-road-central-asia-new-world-order

Phillips, Tom; Brazil's huge new port highlights China's drive into South America, The Guardian, 15.09.2010, http://www.theguardian.com/ world/2010/sep/15/brazil-port-china-drive

Pillalamarri, Akhilesh; Project Mausam: India's answer to China's 'Maritime Silk Road', The Diplomat, 18.09.2014, http://thediplomat.com/2014/09/ project-mausam-indias-answer-to-chinas-maritime-silk-road/

Pinto, Anet Josline; Denny Thomas; Freeport to sell prized Tenke copper mine to China Moly for $2.65 billion; Reuters, 9.05.2016, http://www.reuters.com/article/us-freeport-mcmoran-tenke-cmoc-idUSKCN0Y015U, 12.01.2017

Piraeus Container Terminal SA; http://www.pct.com.gr/

Plácido Dos Santos, Gustavo; The United Arab Emirates, Africa and Angola in the New Silk Road – Analysis; Eurasia Review, 3.07.2015, http:// www.eurasiareview.com/03072015-the-united-arab-emirates-africa-and-angola-in-new-silk-road-analysis/, 17.01.2017

Polskie Radio.pl; Jedwabny Szlak. Eksperci: Polska może na tym dobrze zarobić, 20.06.2016, http://www.polskieradio.pl/42/273/Artykul/1633785, Jedwabny-Szlak-Eksperci-Polska-moze-na-tym-dobrze-zarobic

Polyus, Natalka; http://polyus.com/en/operations/development_projects/ natalka/, 6.12.2016

Port of Hamburg; Gigantic 19,100-TEU containership CSCL GLOBE in Hamburg on maiden voyage – growth in China trade continues, https://www. hafen-hamburg.de/en/news/gigantic-19-100-teu-containership-cscl-globe-in-hamburg-on-maiden-voyage-growth-in-china-trade-continues---32634

Port of Hamburg; History, https://www.hafen-hamburg.de/en/history

Post, Colin; Las Bambas: Peru's largest copper mine starts production; Peru Reports, 18.01.2016, http://perureports.com/2016/01/18/las-bambas-perus-largest-copper-mine-starts-production/, 12.01.2017

President of Russia; Press statements following Russian-Chinese talks, 8.05.2015, http://en.kremlin.ru/events/president/transcripts/49433

President of Russia; Treaty on Eurasian Economic Union signed, 29.05.2014, http://en.kremlin.ru/events/president/news/45787

Prigogine, Ilya; Isabelle Stengers; Z chaosu ku porządkowi. Nowy dialog człowieka z przyrodą, перевод
Katarzyna Lipszyc, Warszawa 1990

Puls, Thomas; China's New Silk Road: The European perspective, IW.Köln. Wissenschafft Kompetenz, 4.06.2015

Putin, Władymir; Press statements following Russian-Chinese talks, http://en.kremlin.ru/events/president/transcripts/49433, 15.06.2017

Putin, Władymir; U.N. General Assembly speech, The Washington Post, 28.09.2015, https://www.washingtonpost.com/news/worldviews/wp/2015/09/28/read-putins-u-n-general-assembly-speech/

Putz, Catherine; Why the Trans-Caspian Transport Route matters, The Diplomat, 11.02.2016, http://thediplomat.com/2016/02/why-the-trans-caspian-transport-route-matters/

Pyffel, Radosław; Nowy Jedwabny Szlak i Nowy Bursztynowy Szlak – kluczowe chińskie projekty dla Polski i Europy, Kresy, http://www.kresy.pl/wydarzenia,europa-poludniowa?zobacz/nowy-jedwabny-szlak-i-nowy-bursztynowy-szlak-kluczowe-chinskie-projekty-dla-polski-i-europy, 11.11.2016

QIC; The New Silk Road – Shifting the economic centre of the world east, http://www.qic.com.au/knowledge-centre/the-new-silk-road-20160301

Radio Warszawa; Polska ma być dla Chin mostem do Europy, 21.06.2016, http://radiowarszawa.com.pl/2016/06/polska-i-chiny-wkraczaja-na-nowy-jedwabny-szlak/

Railway Gazette; China funds Argentina's rail revival, 10.07.2010, http://www.railwaygazette.com/news/policy/single-view/view/china-funds-argentinas-rail-revival.html, dostęp: 9.09.2016

Railway Gazette; Iran – Turkmenistan – Kazakhstan rail link inaugurated, 4.12.2014, http://www.railwaygazette.com/news/news/asia/single-view/view/iran-turkmenistan-kazakhstan-rail-link-inaugurated.html

Railway Gazette; Marmaray tunnel opens to link Europe with Asia, 29.10.2013, http://www.railwaygazette.com/news/single-view/view/marmaray-tunnel-opens-to-link-europe-with-asia.html

Railway Gazette; Three presidents inaugurate rebuilt Benguela Railway, http://www.railwaygazette.com/news/infrastructure/single-view/view/three-presidents-inaugurate-rebuilt-benguela-railway.html, 9.09.2016

Rakhmetova, Klara; Kazakhstan-China Oil Pipeline Project, http://www.energycharter.org/fileadmin/DocumentsMedia/Presentations/CBP-KZ-CN.pdf

Rana, Pradumna B.; Wai-Mun Chia; The Revival of the Silk Roads (Land Connectivity) in Asia, RSIS Working Paper 274, 12 May 2014, http://www.rsis.edu.sg/wp-content/uploads/2014/07/WP274.pdf, 11.10.2016

Raza, Syed Irfan; China given contract to operate Gwadar port, Dawn, 18.08.2013, http://www.dawn.com/news/786992/china-given-contract-to-operate-gwadar-port

Redcat; Kyong Park: New Silk Roads, 2.03.2010, http://www.redcat.org/event/kyong-park

Rehn, Cecilia; Kazakhstan-China oil pipeline could start operating at its full capacity by 2014, Energy Global World Pipelines, 9.11.2012, http://www.energyglobal.com/pipelines/business-news/09112012/Kazakhstan_to_China_oil_pipeline_could_start_operating_at_its_full_capacity_by_2014/

Reyaz M.; TAPI pipeline: A new silk route or a pipe dream?, Aljazeera, 10.12.2015, http://www.aljazeera.com/news/2015/12/tapi-pipeline-silk-route-pipe-dream-151215211343976.html

RFC5 Baltic-Adriatic Corridor, http://rfc5.eu/, 11.11.2016

Rolland, Nadège; China's New Silk Road, The National Bureau of Asian Research; http://nbr.org/research/activity.aspx?id=531

RosjaPl.Info; Kolej transsyberyjska, 17.09.2014, http://www.rosjapl.info/podroze/rosyjskie-miasta-i-regiony/kolej-transsyberyjska.html

Rubin, Barnett; The TAPI Pipeline and paths to peace in Afghanistan, The New Yorker, 30.12.2015, http://www.newyorker.com/news/news-desk/the-tapi-pipeline-and-paths-to-peace-in-afghanistan

Rukhadze, Vasili; Completion of Baku–Tbilisi–Kars Railway Project Postponed Again, Global Research and Analysis, 2.03.2016, http://www.jamestown.org/single/?tx_ttnews[tt_news]=45159&no_cache=1#.V0rVOiFO10Q

Rupak, Bhattacharjee; The emerging Bangladesh China India Myanmar-Economic Corridor and its opportunities, The Eastern Today, 11.02.2016, http://www.eastern-today.com/entries/editorial/the-emerging-bangladesh-china-india-myanmar-economic-corridor-and-its-opportunities

Rutz, Julia; First test train passes the Trans-Caspian International Transport Route, The Astana Times, 9.02.2016, http://astanatimes.com/2016/02/first-test-train-passes-the-trans-caspian-international-transport-route/

SACE Foundation; http://www.sacefoundation.org/contact-us/

Salehi, Zarghona; Ghani, Aliyev confer on gas pipeline project, Pajhwok Afghan News, 2.12.2014, http://www.elections.pajhwok.com/en/2014/12/02/ghani-aliyev-confer-gas-pipeline-project

Salvacion, Manny; Maersk Keen on working with Chinese firms in overseas investments, Yibada, 11.11.2015, http://en.yibada.com/articles/83950/20151111/maersk-keen-working-chinese-firms-overseas-investments.htm

Sant, Shannon Van; Hong Kong looks to key role in China's New Silk Road, Voice of America, 11.03.2016, http://www.voanews.com/content/hong-kong-looks-to-key-role-in-china-new-silk-road/3231613.html

Saudi Press Agency; http://www.nytimes.com/2016/04/04/world/americas/nicaragua-canal-chinese-tycoon.html?_r=0

Saudi Press Agency; Tanker from Ras Tanura brings Arabian crude for Qingdao Refinery, 14.06.2008, http://spa.gov.sa/564968

Sawer, Patrick; East Wind train blows in from China to re-open Silk Road trail, The Telegraph, 18.01.2017, http://www.telegraph.co.uk/news/2017/01/18/east-wind-train-blows-china-re-open-silk-road-trail/, 18.01.2017

Schaefer, Michael; Co-driving the New Silk Road, Berlin Policy Journal, 12.01.2016, http://berlinpolicyjournal.com/co-driving-the-new-silk-road/

Sen, Tansen; The Travel Records of Chinese Pilgrims Fazian, Xuanzang, and Yijing; http://afe.easia.columbia.edu/special/travel_records.pdf

Serbia Construction; Chinese to build new Belgrade bridge, http://www.serbiaconstruction.com/content/chinese-to-build-new-belgrade-bridge/

Shadi, Khan Saif; Afghanistan eyes alternate routes for global trade, AA, 3.01.2015, http://aa.com.tr/en/economy/afghanistan-eyes-alternate-routes-for-global-trade/87452

Shanghai Academy of Social Sciences; 19.01.2016, Professor Ni Peimin was invited to deliver a lecture at New Think Tank Forum, http://english.sass.org.cn:8001/lecture/1723.jhtml

Shanghai Cooperation Organization; http://infoshos.ru/en/

Shanghai International Port; http://www.portshanghai.com.cn/en/channel1/channel11.html

Shenkar, Oded; The Chinese century: the rising Chinese economy and Its impact on the global economy, Balance and Jour Job, Philadelphia 2007

Shepard, Wade; An Inside Look At The new Crossroads Of Euroasia: Azerbaijan's New Port of Baku; https://www.forbes.com/sites/wadeshepard/2016/11/03/an-inside-look-at-the-new-crossroads-of-eurasia-azerbaijans-new-port-of-baku/#3abb36d553a4, 22.06.2017

Shepard, Wade; Why The China-Europe 'Silk Road' Rail Network is growing fast, Forbes, 28.01.2016, http://www.forbes.com/sites/wadeshepard/2016/01/28/why-china-europe-silk-road-rail-transport-is-growing-fast/#3647515b7f24

Sherazi, Syed Zubair; Development of Gwadar port: Apprehensions of the locals', http://www.intermedia.org.pk/pdf/pak_afghan/Gwadar-Aug.pdf

Shi, Yinhong; The roles China ought to play in the world, China US Focus, 5.08.2012, http://www.chinausfocus.com/foreign-policy/the-role-china-ought-to-play-in-the-world/

Shirinov, Rashid; Azerbaijan, Kazakhstan, Georgia seeks to boost Trans-Caspian Int'l Route, Azernews, 17.05.2016, http://www.azernews.az/business/96716.html

Sil, Saumya; Is Iran's Chabahar port important to India?, Quora, https://www.quora.com/Is-Irans-Chabahar-port-important-to-India

Silk Road Film Festival; http://silkroadfilmfestival.com/the-festival/

Silk Road Found; http://www.silkroadfund.com.cn/enweb/23773/index.html, 17.06.2017

Silk Road Foundation (Korea); http://www.silkroad-foundation.org/

Silk Road Foundation (USA); http://www.silkroadfoundation.org/toc/index.html

Silk Road Group; http://silkroadgroup.net/silk-road-group/about/

Silk Road Group; Transportation, http://silkroadgroup.net/businesses/transportation/

Silk Road International Travel; http://www.silkroadtravel.gr/about/

Silk Road Railway; http://www.sundownersoverland.com/admin/traveldocs/categorised/304934.pdf

Silk Road Reporters; http://www.silkroadreporters.com/

Silk Road Treasure Tours; http://www.silkroadtreasuretours.com/

Silk Route Rail; http://www.silkrouterail.com/about-us.html

Simply Decoded; Project 'Mausam' by Ministry of Culture, 22.06.2014, http://www.simplydecoded.com/2014/06/22/project-mausam-ministry-culture/

Slobodchuk, Sergey; New Silk Road: Cherished dream or real transport corridor for Ukraine? EurAsia Daily, 3.02.2016, https://eadaily.com/en/news/2016/02/03/new-silk-road-cherished-dream-or-real-transport-corridor-for-ukraine

Southern Silk Road; Travel Guide China, https://www.travelchinaguide.com/silk-road/southern-route.htm

Sprengel, Mieczysław; Katarzyna Sprengel; Evaluation of China's potential to become 21st century global power, Prace Naukowe Akademii im. Jana Długosza w Częstochowie VI, 2014

Sputnik; Historic moment: part of New Silk Road from China to Iran is complete, 16.02.2016, http://sputniknews.com/business/20160216/1034868058/iran-china-silk-road.html

Stahl, Alan; Zecca. The Mint of Venice in the Middle Ages, New York, 2000

Stamouli, Nektaria; Greece signs deal to sell stake in Port of Piraeus to China's Cosco, The Wall Street Journal, 8.04.2016, http://www.wsj.com/articles/greece-signs-deal-to-sell-stake-in-port-of-piraeus-to-chinas-cosco-1460130394

Starr, S. Frederick; Svante E. Cornell (ed.); Putin's grand strategy: The Eurasian Union and its discontents, The Central Asia-Caucasus Institute, 2014, http://www.silkroadstudies.org/resources/1409GrandStrategy.pdf

Summers, Tim; What exactly is 'one belt, one road'? The World Today, vol. 71 5, 2015, https://www.chathamhouse.org/publication/twt/what-exactly-one-belt-one-road

Sundowners Overland; Sharing Asia overland. Differently, http://www.sundownersoverland.com/

Szafarz, Sylwester; Stare i nowe Jedwabne Szlaki, CRI, 7.01.2016, http://polish.cri.cn/1380/2016/01/07/341s134271.htm

Szczudlik-Tatar, Justyna; China's New Silk Road diplomacy, Policy Paper, nr 34, 2013

Talmiz, Ahmad; Who's afraid of One Belt One Road?, The Wire, 3.06.2016, http://thewire.in/40388/one-belt-one-road-shaping-connectivities-and-politics-in-the-21st-century/

Tharoor, Ishaan; The world's longest train journey now begins in China, The Washington Post, 21.11.2014, https://www.washingtonpost.com/news/worldviews/wp/2014/11/21/map-the-worlds-longest-train-journey-now-begins-in-china/

The Danish Chamber of Commerce; Hong Kong; Promotion on new opportunities in Guangzhou under "One Belt, One Road" and Free Trade Zone Strategy, 29.07.2015, http://www.dcc.hk/events/promotion-on-new-opportunities-in-guangzhou-under-one-belt-one-road-and-free-trade-zone-strategy/

The Dubai Mall; http://www.thedubaimall.com/en/

The Economic Times; 55 cities from 17 nations to take part in Silk Road Forum in China, 13.07.2015, http://articles.economictimes.indiatimes.com/2015-07-13/news/64370831_1_silk-road-economic-belt-urumqi-xinjiang

The Economist; Rulers of the new silk road, 3.06.2010, http://www.economist.com/node/16271573

The Emergence of The Silk Way; http://www.silkrouterail.com/insights.html

The Hans India; Ashgabat Agreement, 24.03.2016, http://www.thehansindia.com/posts/index/Hans-Classroom/2016-03-24/Ashgabat-Agreement/215932

The Hans India; What is Project Mausam?, 14.03.2016, http://www.thehansindia.com/posts/index/News-Analysis/2016-03-14/What-is-Project-Mausam/213413

The International Dunhuang Project: The Silk Road Online; http://idp.bl.uk/

The International Schiller Institute; Build the World Land-Bridge! http://newparadigm.schillerinstitute.com/our-campaign/build-the-world-land-bridge/

The Kabul Times; Azure Route a proper transit way to develop trade: Nasrat, 26.11.2014, http://thekabultimes.gov.af/index.php/newsnational/4764-azure-route-a-proper-transit-way-to-develop-trade-nasrat.html

The Maritime Executive; China eyes Kenyan Ports, 7.10.2015, http://www.maritime-executive.com/article/china-eyeing-kenyan-ports

The National Council for Tourism and Antiquities; Archaeological sites, http://ncta.gov.ae/web/guest/archaeological-sites

The National People's Congress; http://www.npc.gov.cn/englishnpc/Organization/node_2846.htm

The Siberian Times, Major deal signed with China to explore gold deposits, 15.05.2015, http://siberiantimes.com/business/investment/news/n0217-major-deal-signed-with-china-to-explore-gold-deposits/, 6.12.2016

The Silk Road, vol. 13, 2015, http://www.silkroadfoundation.org/newsletter/vol13/srjournal_v13.pdf

The Silk Road International Arts Festival; http://www.silkroadart.net/en/index.aspx

The Suez Canal Authority; http://www.suezcanal.gov.eg/

The Unesco; The City of Herat, http://whc.unesco.org/en/tentativelists/1927/

The UNESCO Silk Road; Herat, http://en.unesco.org/silkroad/content/herat

The UNESCO Silk Road; Turkey, http://en.unesco.org/silkroad/countries-alongside-silk-road-routes/turkey

The Voice of Russia; Russian, Kazakh, Belarusian leaders sign treaty on creation of Eurasian Economic Union, 29.05.2014, http://sputniknews.com/voiceofrussia/news/2014_05_29/Russian-Kazakh-Belarusian-leaders-sign-treaty-on-creation-of-Eurasian-Economic-Union-8877/

The World Land Bridge; https://larouchepac.com/world-landbridge

Tian, Xuefei; All aboard as freight trains revive Silk Road glory, The Telegraph, 17.07.2015, http://www.telegraph.co.uk/sponsored/china-watch/business/11732204/freight-trains-revive-silk-road-glory.html

Tiezzi, Shannon; China's 'New Silk Road' vision revealed, The Diplomat, 9.05.2014, http://thediplomat.com/2014/05/chinas-new-silk-road-vision-revealed/

Tomlinson, Simon; China builts first overseas military base near Ethiopia for ships, helicopters and special forces in quest to become naval superpower, The Sun, 22.08.2016, https://www.thesun.co.uk/news/1652050/djibouti-china-builds-first-overseas-military-base-in-dijbouti-for-ships-helicopters-and-special-forces-in-bid-to-become-naval-superpowe, 6.12.2016

Topham, Gwyn; Emirates' concourse for A380s is another staging post on new Silk Road, The Guardian, 3.03.2013, https://www.theguardian.com/business/2013/mar/03/emirates-new-concourse-dubai-silk-road

TRACECA; http://www.traceca-org.org/en/home/

Trans-siberian Travel; http://www.transsib.com/trans-siberian-train-tickets-prices.html

Travel China Guide; Guangdong Maritime Silk Road Museum, https://www.travelchinaguide.com/cityguides/guangdong/yangjiang/maritime-silk-road-museum.htm

Travel China Guide; Southern Silk Road, https://www.travelchinaguide.com/silk-road/southern-route.htm

Trusewicz, Iwona; Prąd z Azji centralnej zasili Pakistan, Rzeczpospolita, 19.05.2016, http://www.rp.pl/Energianews/305199936-Prad-z-Azji-Centralnej-zasili-Pakistan.html

Turebekova, Aiman; Kazakhstan supports New Silk Road and One Belt, One Road Initiatives, Official Says, The Astana Times, 5.05.2016, http://astanatimes.com/2016/05/kazakhstan-supports-new-silk-road-and-one-belt-one-road-initiatives-official-says/

Turksoy; The Conference entitled "The International Silk Road Congress: Rethinking the Road of Trade, Cooperation and Peace" took place in Istanbul, 31.10.2013, http://www.turksoy.org/en/news/2013/10/31/the_international_silk_road_congress_rethinking_the_ticaret_isbirligi_ve_baris_havzasini_

UNCTAD; http://unctad.org/en/Pages/aboutus.aspx

UNCTAD; Investment Guide to the Silk Road, United Nations 2014, http://unctad.org/en/PublicationsLibrary/diae2014d3_en.pdf, 12.10.2016

UNESCO; Maritime Silk Road Museum of GUANGDONG, http://en.unesco.org/silkroad/silk-road-institutions/maritime-silk-road-museum-guangdong

UNESCO; Reviving the Historic Silk Roads: UNESCO's new Online Platform, http://www.unesco.org/new/en/culture/themes/dialogue/routes-of-dialogue/silk-road/

UNESCO; The UNESCO Silk Road Online Platform, https://en.unesco.org/silkroad/unesco-silk-road-online-platform

UNESCO; Xi'an, http://en.unesco.org/silkroad/content/xian

U.S. Department of State; New Silk Road Ministerial, http://www.state.gov/r/pa/prs/ps/2011/09/173765.htm

Литература 167

Uzbekistan Today; Tashkent SCO summit to be held on June 23–24, 1.07.2016, http://www.ut.uz/en/politics/tashkent_sco_summit_to_be_held_on_june_2324

Valantin, Jean-Michel; Turkey: An energy and environmental power; The Read (Team) Analysis Society, 23.02.2015, https://www.redanalysis.org/2015/02/23/turkey-russia-china-creating-new-energy-environmental-power/, 8.09.2016

Vandenberg, Paul; Khan Kikkawa; Global value chains, Policy Brief 2, May, 2015, http://www.adb.org/sites/default/files/publication/160572/adbi-pb2015-2.pdf

Wang, Huning; Culture as national soft power, Journal of Fudan University, 1993, March

Wang, Yiwei; How to deal with geopolitical risks during the implementation of the One Belt One Road, Gongshi wang, 29.04.2015

Watts, Jonathan; Argentina leader leaves controversial legacy with Patagonia dams project, The Guardian, 1.12.2015, https://www.theguardian.com/world/2015/dec/01/argentina-president-cristina-fernandez-de-kirchner-patagonia-hydroelectric-dam-project, 9.09.2016

Waugh, Daniel C.; Richthofen's "Silk Roads": Toward the archaeology of a concept, The Silk Road, vol. 5, nr 1, 2007

Waugh, Daniel C., The Silk Roads in history, http://penn.museum/documents/publications/expedition/PDFs/52-3/waugh.pdf

Wen, Jiabao; Our historical tasks at the primary stage of socialism and several issues concerning China's foreign policy, Renmin Ribao, 7.03.2007

Wheeler, Andre; The New China Silk Road (One Belt, One Road): Myanmar's influence and potential benefits, Linkedin, 4.01.2016, https://www.linkedin.com/pulse/new-china-silk-road-one-belt-myanmars-influence-benefits-wheeler

Wiadomości, Chiny: Bronisław Komorowski gościem partii komunistycznej, http://wiadomosci.onet.pl/swiat/chiny-bronislaw-komorowski-gosciem-partii-komunistycznej/f04b2w, dostep: 15.10.2016

Winnicki, Piotr; Nowy Jedwabny Szlak. Droga do budowy imperium, BiznesPL, 15.10.2015, http://biznes.pl/magazyny/handel/nowy-jedwabny-szlak-droga-do-budowy-imperium/cct76t

Winter, Tim; One Belt, One Road, one heritage: Cultural diplomacy and the Silk Road, The Diplomat, 29.03.2016, http://thediplomat.com/2016/03/one-belt-one-road-one-heritage-cultural-diplomacy-and-the-silk-road/

Wollmer, Göran; The Modern Silk Road, http://schenkeronline.dk/download/CBS_Summit_2015/TheNewSilkRoad_GoranWollmer_SCM_Summit2015.pdf

Wong, Alfred; China's Telecommunications Boom in Africa: Causes and Consequences, E-International Relations, 21.09.2015, http://www.e-ir.info/2015/09/21/chinas-telecommunications-boom-in-africa-causes-and-consequences/, 17.01.2017

Wong, John; China's rising economic soft power, The University of Notthingam, 25.03.2016, http://blogs.nottingham.ac.uk/chinapolicyinstitute/2016/03/25/chinas-rising-economic-soft-power/

Wong, Tsoi-lai Catherine; Xi'an readies for key role in 'One Belt, One Road' initiative, Global Times, 21.04.2015, http://www.globaltimes.cn/content/917943.shtml

World Port Source; Port of Xiamen, http://www.worldportsource.com/ports/commerce/CHN_Port_of_Xiamen_2510.php

Woźniak, Adam; Z Łódzkiego coraz bliżej do Chin, Życie Ziemi Łódzkiej, 31.05.2016, http://www.rp.pl/Zycie-Ziemi-Lodzkiej/305319839-Z-Lodzkiego-coraz-blizej-do-Chin.html

WPolityce.Pl; Premier Szydło: "Nowy Jedwabny Szlak to ogromne możliwości i korzyści gospodarcze. To nasza wspólna droga do rozwoju", 20.06.2016, http://wpolityce.pl/polityka/297460-premier-szydlo-nowy-jedwabny-szlak-to-ogromne-mozliwosci-i-korzysci-gospodarcze-to-nasza-wspolna-droga-do-rozwoju

Wright, Gilly; New Silk Road to expand China's trade financie renminbi rise, Global Finance, February 2016, https://www.gfmag.com/magazine/february-2016/new-silk-road-expand-chinas-trade-finance-renminbi-rise

Wspaniały świat Oceanu Indyjskiego, перевод Andrzej Zaborski, Kraków 1998

Wu, Annie; Urumqi Grand Bazaar, China Highlights, 13.01.2015, http://www.chinahighlights.com/urumqi/attraction/urumqi-grand-bazaar.htm

Wu, Annie; Xinjiang Silk Road Museum, China Highlights, 13.01.2015, http://www.chinahighlights.com/urumqi/attraction/xinjiang-silk-road-museum.htm

Xi, Jinping; Promote Friendship Between Our People and Work Together to Build a Bright Future; http://www.fmprc.gov.cn/mfa_eng/wjdt_665385/zyjh_665391/t1078088.shtml, 22.06.2017

Xi, Jinping; Silk Road Economic Belt, http://english.cntv.cn/program/china24/20130907/103428.shtml

Xi, Jinping; Speech at Nazarbayev University (video), 9.08.2013, http://english.cntv.cn/20130908/100822.shtml

Xi, Jinping; Speech at the the closing meeting of the first session of the 12th National People's Congress (NPC) at the Great Hall of the People in Beijing, capital of China, March 17, 2013, Xinhuanet, 17.03.2013, http://news.xinhuanet.com/english/china/2013-03/17/c_132239786.htm

Xi, Jinping; Speech by Chinese President Xi Jinping to Indonesian Parliament, http://www.asean-china-center.org/english/2013-10/03/c_133062675.htm

Xie, Jun; Yiwu-Europe railway can help boost trade even at low end, Global Times, 24.06.2015, http://www.globaltimes.cn/content/928726.shtml

Xinhua; Argentina-China dams project gains new momentum, 30.04.2016, http://news.xinhuanet.com/english/2016-04/30/c_135325462.htm, 9.09.2016

Xinhua, China sets up largest gold fund, 23.05.2015, http://news.xinhuanet.com/english/2015-05/23/c_134264324.htm, 15.12.2016

Xinhua; Feature: Ukraine-China cargo train on Silk Road opens up prospects for trade, promotion, 1.02.2016,http://news.xinhuanet.com/english/2016-02/01/c_135062009.htm

Xinhua; Tazara's new CEO pledges to revive Chinese-built railway line, http://news.xinhuanet.com/english/2016-04/24/c_135307983.htm, 4.09.2016

Xinhuanet; Silk Road Fund's 1st investment makes China's words into practice, 21.04.2015, http://news.xinhuanet.com/english/2015-04/21/c_134170737.htm

Xinhuanet; Xi Jinping: Pursuing dream for 1.3 billion Chinese, 17.03.2013, http://news.xinhuanet.com/english/china/2013-03/17/c_124467411.htm

Xinhuanet; Xi's visit to Belarus highly praised, 13.05.2015, http://news.xinhuanet.com/english/2015-05/13/c_134235227.htm

Yazıcı, Hayati; Turkey-EU Relations and the Customs Union: Expectations versus the reality, http://turkishpolicy.com/Files/ArticlePDF/turkey-eu-relations-and-the-customs-union-expectations-versus-the-reality-spring-2012-en.pdf

Yiwu Market Guide; http://www.yiwu-market-guide.com/yiwu-international-trade-city.html

Zakaria, Fareed; The Post-American World, New York 2008

Zepp-LaRouche, Helga; The New Silk Road leads to the future of mankind!, https://worldlandbridge.com/introduction/

Zepp-LaRouche, Helga; The New Silk Road will change the world, EIR, 29.08.2014, http://www.larouchepub.com/hzl/2014/4134silk_rd_change_wrld.html

Zepp-LaRouche, Helga; Michael Billington; Rachel Douglas (ed.); The New Silk Road becomes the World Land-Bridge, EIR, 2014

Zhao, Minghao; China's New Silk Road Initiative, Istituto Affari Internazionali Working Papers, nr 15, 2015

Zhang, Yesui; 'The One Belt, One Road' Initiative is not a geopolitical tool, Speech at China Development Forum, Xinhua, 21.03.2015

Zhen, Luo; One Belt One Road, China Stocks, 14.04.2015, http://www.chinastocks.net/cctv-unveils-map-of-the-new-silk-road/

Zhengzhou International Hub Development and Construction; 'One Belt One Road', http://en.zzguojilugang.com/article.php?id=57

Zhong, Nan; COSCO launches world's largest oil tanker fleet, China Daily, 7.06.2016, http://www.chinadaily.com.cn/business/2016-06/07/content_25632170.htm

Zicheng, Ye; Inside China's Grand Strategy: The Perspective from the People's Republik of China, Lexington, 2010

Азаттык; Торугарт бекетин жылдырууга ким уруксат берген?, http://www.azattyk.org/a/Kyrgyzstan_China_Border/1777779.html

БЕЛТА; Belarus ready to become 'western gate' for SCO, 24.06.2016, http://eng.belta.by/president/view/belarus-ready-to-become-western-gate-for-sco-92494-2016/

Цзи, Яньчи; Это новая модель глобального управления, Невское время, 12.06.2016, http://www.nvspb.ru/tops/eto-novaya-model-globalnogo-upravleniya-57593/?version=print

Кулинцев, Юрий;«Один пояс – один путь»: инициатива с китайской спецификой, РСМД, 22.05.2015, http://russiancouncil.ru/blogs/riacexperts/?id_4=1868

Тавровский, Юрий; Новые мелодии «Шелкового пути», Russia.people.cn, 16.07.2015, http://russian.people.com.cn/n/2015/0716/c95181-8921285.html

Транссибирская магистраль; http://www.transsib.ru/

Қазақстан темір жолы, Seaport Aktau – reliable link of Kazakhstan's transit to foreign markets, 26.11.2015, http://www.railways.kz/en/node/9931

ҚазМұнайГаз; Kazakhstan-China oil Pipeline, http://www.kmg.kz/en/manufacturing/oil/kazakhstan_china/

Әliyeva, Aynur; Second container train on Trans-Caspian route reaches Georgia via Azerbaijan, Report, 3.10.2015, http://report.az/en/infrastructure/the-second-container-train-on-trans-caspian-international-transport-route-reaches-georgia-through-az/

Краткий путеводитель по Новому Шелковому Пути. Краткое изложение

Многие из нас слышали о Шелковом Пути. Уже несколько лет все чаще говорится о Новом Шелковом Пути. Этот краткий путеводитель предназначен для тех, кто хотел бы узнать больше об этом Новом Шелковом Пути.

А теперь приведем краткое изложение содержания этого путеводителя.

Новый Путь, также как и Старый – это сеть сообщений между разными, удаленными друг от друга местами.

Часть 1. – это пример выбранных сообщений и мест.

Часть 2. – это люди, учреждения и проекты.

Часть 3. – это значения и ценности, придаваемые Новому Пути разными людьми в разных местах.

Часть 4. – в ней говорится о том, чем Новый Путь является для мира, в котором мы живем, и его будущего.

Новый Путь и формируемый им Новый Шелковый Порядок Мира стоит рассматривать как взаимодействие, которое происходит между различными инициативами государств, фирм, организаций, людей. Иногда эти инициативы совпадают, соответствуют друг другу, а иногда расходятся или даже являются противоположными, как две фирмы или государства, каждое из которых стремится занять привилегированное положение. Некоторые инициативы связаны между собой, другие независимы. На самом деле, все происходящие между ними взаимодействия способствуют формированию Нового Пути и связанного с ним Нового Шелкового Мирового Порядка. Новый Путь представляет собой это взаимодействие, и в этом смысле можно говорить о многостороннем, многоаспектном и плюралистическом характере Нового Пути и Нового Порядка. Особую роль в строительстве Нового Пути и формировании связанного с ним Нового Порядка играет Китай, который устанавливает плюралистический, многокультурный мир. И здесь существует явный парадокс. Плюрализм Нового Пути и Нового Порядка, а также Великий Возрожденный Китай, выступающий за многокультурный мир, были бы тесно связаны друг с другом и взаимно способствовали бы своему развитию. (перевод Mirosław Bilowicki)

A Short Guide to the New Silk Road. Abstract

Many of us has heard of the Silk Road. But for the last several years one speaks of the New Silk Road. This short guide is dedicated to those who would like to know something more about it.

Let us introduce a short guide to this guide. The New Silk Road resembles the Old One in that it represents a set of relations between different, distant places. Part one is the examples of selected connections and places. Part two is the people, institutions and projects. Part three is meanings and values attributed to the New Road by different people in different places. Part four speaks of what the New Silk Road is for the rest of the world, for the world which we live in, and for its future.

The New Road and the New World Order shaped by it can be seen as an interaction that occurs between different initiatives that states, firms, organizations and individual people come up with. These initiatives are sometimes concurrent and congruent and sometimes contradictory or even oppositional, as for instance two firms or states compete for influence and each is trying to assume a privileged position. Some of the initiatives are connected to each other, and some coexist independently. They all, however, and specifically the interactions taking place between them, contribute to shaping the New Road and the New Silk World Order resulting thereof. The New Road is this ceaseless interaction and it is in this sense that we can speak of a multilateral, multipolar and pluralistic character of the New Road and The New Order. A significant role in building The New Road and the New Order is played by China which postulates a pluralistic, multicultural world. This is where the true paradox lies. The pluralism of the New Road and the New Order and the Great Reborn China advocating for the multicultural world would be interconnected and thus would mutually trigger each one's development.

Krótki przewodnik po Nowym Jedwabnym Szlaku. Streszczenie

Wielu z nas słyszało o Jedwabnym Szlaku. Od kilkunastu lat coraz częściej mówi się o Nowym Jedwabnym Szlaku. Ten krótki przewodnik przeznaczony jest dla tych, którzy chcieliby o tym Nowym Szlaku dowiedzieć się czegoś więcej. Teraz krótki przewodnik po tym przewodniku. Nowy Szlak jak stary to sieć połączeń między różnymi, odległymi miejscami. W Części 1. dla przykładu wybrane połączenia i miejsca. Część 2. to ludzie, instytucje, projekty. Część 3. to znaczenia i wartości nadawane Nowemy Szlakowi przez różne osoby w różnych miejscach. Część 4. jest o tym, czym Nowy Szlak jest dla świata, w którym żyjemy i jego przyszłości?

Nowy Szlak i kształtowny przez niego Nowy Jedwabny Porządek Świata warto postrzegać jako interakcję zachodzącą między rozmaitymi inicjatywami państw, firm, organizacji, osób. Inicjatywy te czasem są zbieżne, zgodne a czasem rozbieżne czy nawet przeciwne, jak dwie firmy, czy państwa, z których każde stara się zająć pozycję uprzywilejowaną. Niektóre inicjatywy są ze sobą powiązane, inne niezależne. Wszystkie jednak, a właściwie to zachodzące pomiędzy nimi interakcje, przyczyniają się do kształtowania Nowego Szlaku i związanego z nim Nowego Jedwabnego Porządku Świata. Nowy Szlak jest nieustannie tą interakcją i w tym znaczeniu można mówić o multilateralnym, wielobiegunowym i pluralistycznym charakterze Nowego Szlaku i Nowego Porządku. Szczególną rolę w budowie Nowego Szlaku i kształtowaniu związanego z nim Nowego Porzadku odgrywają Chiny, które postulują pluralistyczny, wielokulturowy świat. Tu wyraźny jest paradoks. Pluralizm Nowego Szlaku i Nowego Ładu oraz Wielkie Odrodzone Chiny orędujące na rzecz wielokulturowego świata byłyby ze sobą powiązane i wzajemnie przyczyniałyby się do swojego rozwoju.

Индекс населенных пунктов, портов, аэропортов

INTERNATIONAL RELATIONS IN ASIA, AFRICA AND THE AMERICAS

Edited by Andrzej Mania & Marcin Grabowski

Band 1 Olga Barbasiewicz (ed.): Postwar Reconciliation in Central Europe and East Asia. 2018

Band 2 Adam Nobis: A Short Guide to the New Silk Road. 2018

Band 3 Radka Havlová (ed.): Untangling the Mayhem: Crises and Prospects of the Middle East. 2018

Band 4 Marcin Grabowski / Paweł Laidler (eds.): Global Development Policy in the 21st Century. New Challenges. 2018

Band 5 Andrzej Mania / Marcin Grabowski / Tomasz Pugacewicz (eds.): Global Politics in the 21st Century. Between Regional Cooperation and Conflict. 2019

Band 6 Marcin Grabowski / Tomasz Pugacewicz (eds.): Application of International Relations Theories in Asia and Africa. 2019

Band 7 Адам Нобис. Краткий путеводитель по Новому Шелковому Пути. 2019

www.peterlang.com

www.ingramcontent.com/pod-product-compliance
Lightning Source LLC
Chambersburg PA
CBHW031541260326
41914CB00002B/209